U0601669

東方語言學

第二十三辑

《东方语言学》编委会
上海师范大学语言研究所

上海教育出版社
SHANGHAI EDUCATIONAL
PUBLISHING HOUSE

主　编　潘悟云　陆丙甫

副主编　王双成　郑　伟　王弘治

编辑委员会（按姓氏音序排列）

陈保亚（北京大学，中国）　　　　戴浩一（台湾中正大学，中国）

冯胜利（香港中文大学，中国）　　黄锦章（上海财经大学，中国）

黄　行（中国社科院民族所，中国）　江　荻（中国社科院民族所，中国）

金立鑫（上海外国语大学，中国）　李宇明（北京语言大学，中国）

刘大为（复旦大学，中国）　　　　刘丹青（中国社科院语言所，中国）

陆丙甫（南昌大学，中国）　　　　马庆株（南开大学，中国）

麦　耘（中国社科院语言所，中国）　潘悟云（上海师范大学，中国）

齐沪扬（上海师范大学，中国）　　钱乃荣（上海大学，中国）

邵敬敏（暨南大学，中国）　　　　沈钟伟（麻省州立大学，美国）

石　锋（南开大学，中国）　　　　史有为（明海大学，日本）

孙朝奋（斯坦福大学，美国）　　　唐钰明（中山大学，中国）

汪维辉（浙江大学，中国）　　　　吴安其（中国社科院民族所，中国）

吴福祥（中国社科院语言所，中国）　王双成（上海师范大学，中国）

徐烈炯（多伦多大学，加拿大）　　杨剑桥（复旦大学，中国）

杨　宁（复旦大学，中国）　　　　游汝杰（复旦大学，中国）

张洪明（威斯康星大学，美国）　　张　宁（台湾中正大学，中国）

郑　伟（华东师范大学，中国）　　朱庆之（香港教育大学，中国）

朱晓农（香港科技大学，中国）

目 录

浙江温州方言的时体情态共生系统*

杭州师范大学人文学院　吴　越

内容提要　本文从温州方言中存在明显分工的两个"罢"入手,结合"爻、过、有、得"等同样与时间指称、体范畴及情态密切相关的成分,讨论上述成分的基本功能和寄生功能、同现规则及时体情态共生关系。

关键词　温州方言;罢;时间指称;体;情态;共生

潘悟云(1996)指出,温州方言中,强读的"罢"表示事件实现,读后附调的"罢"表示出现新情况。游汝杰(2003)也提出,温州方言中重读的"罢"[ba²⁴]用于"完成体",记作"罢1";轻读的"罢"[ba⁰]用于"起始体",记作"罢2",二者的区别"大致相当于普通话的了1、了2"[①],分别见例(1)(2)。

(1)渠赶上罢1。(他已经赶上来了。)

(2)渠赶上罢2。(他本来落后于别人,现在开始追赶并逐渐赶上别人。)

已有研究一般认为温州方言的"罢"与体范畴相关(潘悟云1996、游汝杰2003),本文进一步提出:"罢"与时间指称(time reference)[②]、体、情态密切相关,形成"共生"[③](唐正大2018术语)。已有研究一般将温州方言的"罢"与普通话的"了"进行对比,我们认为,将"罢"与温州方言中的其他时体情态相关成分进行整体考察显得更为迫切。

时体情态系统(即Tense-Aspect-Modality系统,可简称为TAM系统)研究的主要难点是显著的语种特异性(language specific),具体成分的功能受系统结构影响很大,名称相同的成分在各语言(甚至亲属或邻近语言)中的表现也可能不同。只有全面考察具体语言的TAM系统,才能明确其中具体成分的功能。

本文考察温州方言"罢"的分工。同时也系统考察"爻、过、有、得"等与时体情态密切相关的成分的基本功能(primary functions)与寄生功能(parasitic functions)。唐正大(2018)在刘丹青(2018[④])的基础上,进一步区分成分的基本功能和寄生功能。寄生功能即在某些状况下与基本功能同时起作用,另外一些状况下被压制的功能。在此基础上,本文整体考察上述成

＊　本研究受杭州师范大学科研启动经费项目"吴方言的重要句法特征及其系统性后果"(项目编号:4065C50221204096)资助。

①　吕叔湘(1999[1980]:351)等将汉语的"了"一分为二。"了1"在动词后,表动作完成。动词带宾语时,"了1"在宾语前,"了2"用在句末,肯定事态已经或即将变化,有成句作用。

②　汉语没有屈折形态意义上的时范畴(tense),本文参考McCawley(1971),Dahl(2000),陈前瑞、王继红(2012),唐正大(2018)等,将时间表达称为"时间指称"(time reference)。

③　唐正大(2018)指出,汉语缺少屈折形态意义上的将来时,却有多种手段指称将来时间,融合体、情态、言语行为等语义和功能,并将其称为时体情态"共生"。

④　刘丹青(2018)也讨论了汉语中时态范畴寄生于介词、表相对时间域的名词的具体案例。

分构成的时体情态共生系统。

1. "罢"的基本功能与分工

1.1　"罢1"的句法位置和语义功能

　　"罢1"位于谓语后。当谓语较复杂[①]时,常加在谓语整体之外,如例(3)。可见其作用对象是整个事件,而非谓语核心动词[②]。

　　(3) a. 苹果我吃罢1。(苹果我吃了。)　　　b. 苹果我险吃多罢1。(苹果我吃很多了。)

　　"罢1"用于肯定已然性,潘悟云(1996)就认为"罢1"是已然体标记,既可搭配完整体[③],如例(4),也可搭配非完整体,如例(5)(6),均对应指称非将来时间。

　　(4) 老张走楼下爻罢1。(老张下楼了。)(动作完成的已然性)

　　(5) 我吃起罢1。(我已经开始吃了。)(事态起始的已然性)

　　(6) a. 我是搭吃。(我正在吃。)(状态持续)

　　　　 b. 我是搭吃罢1。(我已经在吃了。)(状态持续的已然性)

　　"罢1"在有完句要求时强制出现,无完句要求时常省略[④],可由关系化手段测试:对例(7)的"鞋子"进行关系化提取,见例(8)。例(8)不需完句,不加"罢1"可说,加"罢1"后接受度反而降低。例(9)是提取名词性补足语从句的情况,表现相同。

　　(7) 我代你鞋园起爻罢1。(我把你的鞋子放起来了。)

　　(8) a. 丐你园起爻个许双鞋(被你放起来的那双鞋子)

　　　　 b. ?? 丐你园起爻罢1个许双鞋

　　(9) a. 你代我鞋园起爻居起事干(你把我的鞋子放起来这件事情)

　　　　 b. ?? 你代我鞋园起爻罢1居起事干

1.2　"罢2"的句法位置和语义功能

　　1.2.1 节介绍"罢2"的常规表现,1.2.2 节介绍"罢2"的进一步语法化。

1.2.1　"罢2"的常规表现

　　"罢2"位于句末,标记将行体,对应将来时间指称。但我们认为"罢2"的主要功能还是表达情态。许多语言的将来时都有非时态功能(Ultan 1978),可能更接近情态系统(De Haan 2010)。Bybee et. al(1994:80)指出,将来时间指称有意愿和预测两大功能。温州方言的"罢2"也是如此。至于"罢2"具体表达"意愿"还是"预测",则与主语人称有关:主语为第一人称时表意愿;主语为非第一人称时表预测。

---

　　① "复杂谓语"包括谓词受修饰的情况、连动式、兼语式、动补结构、动宾结构等。

　　② 游汝杰(2003)指出,温州方言的"罢1"不用于句中,而普通话的"了1"可以。我们认为,一个重要原因是吴语的受事常作话题而非动词宾语,某些吴方言的宾语位置更是萎缩(刘丹青 2001)。

　　③ "完整体"将事件呈现为单一的整体(Comrie 1991[1976]:10、Smith 1991:103、戴耀晶 1996:7)。

　　④ Wolfgang et al.(2000)指出,不用于断言时,汉语体标记(aspectual particles)可省略。

主语为第一人称时表意愿,如例(10)a。此时,"罢2"还可与即行义①副词"肇"②(大致意为"马上就……")同现,专门指称"迫近将来"的时间,见例(10)b。

(10) a. 你坐下儿添,我走罢2。(你再坐会儿,我走了。)

　　　b. 你坐下儿添,我走肇罢2。(你再坐会儿,马上就走了。)

主语为非第一人称时表预测。"预测"可根据是否基于理性再分两类:①基于理性,体现逻辑关系;②不基于理性,有随意性。"罢2"出现在非自主动词后,一般是情况①,如例(11);出现在具有自主性的动词后,如例(12),情况①②皆有可能。

(11) a. 天黑罢2。(天要黑了。)　　 b. 你倒霉罢2。(你要倒霉了。)

(12) 渠走来罢2。(他要过来了。)

综上,"罢2"的常规功能是标记将行体,表示情况将发生变化,对应将来时间指称,更重要的是用于认识情态,表达说话人对未然事态的认识和判断。

另外,游汝杰(2003)认为"罢2"反映动作的起始状态或情况变化,属于"起始体标记",如例(13)意为"本落后于别人,现在开始赶上别人"。

(13) 渠赶上罢2。

我们认为,这是因为例(13)的"赶上"描述一段运动过程,"罢2"有多个视点。采用起点视点时,表示"即将动身去赶";采用过程视点时,表示"已动身,正在追赶过程中";采用终点视点时,表示"将要到达"。后两种情况的"罢2"可能被理解为"动作起始",但这只是视点造成的特殊解读。

1.2.2 "罢2"的进一步语法化

"罢2"的进一步语法化有两个表现:更专门的言语行为功能和更深层次的情态功能。

第一,言语行为功能上,"罢2"可与句末语气词"□[ei⁰]"合音为"[bei⁰]",游汝杰(2003)记作"嘹"(本文沿用)。语气词"□[ei⁰]"用于引起听话人的注意,类似于北京口语的"哎[ai⁰]"等。"罢2"用于"宣告",但不关注听话人的反应,如例(14)。"嘹"结合了"□[ei⁰]"和"罢2"的功能,如例(15)a,说话人进行言语行为"道别",同时对听话人的反应有所期待③。此时可配合即行义副词"肇",如例(15)b。

(14) 我走罢2。(我走了。)

(15) a. 我走嘹。(我走啦!)　　 b. 我走肇嘹。(我马上就走啦!)

"嘹"的实质是从语义层面(或表达层面,representational level)进入语用层面(或人际层面,interpersonal level)(Hengeveld & Wanders 2007)。张伯江指出(课堂讨论,引自唐正大

---

① "将行～即行"的划分主要借鉴了藏缅语研究(如藏语、傈僳语、拉祜语等)。藏缅语对动词动作或事件过程的不同时段可划分得很细致,可区分多种不同的体意义(孙宏开等主编 2007:70—71)。其中,"将行体"和"即行体"较为常见。"将行体"表示"将要","即行体"即 Comrie(1991[1976]:64)的"前瞻体"(prospective),表示事件即将发生(孙天心 2008)。载瓦语中,即行体在说话人的主观意识里比将行体更临近动作发生的时间(朱艳华 2012)。

② 潘悟云(1996)记为"道",认作"时"标记,于动词后,表示动作在参照时间后即刻发生。王莉(2004)记为"著",认作"将行体"标记。本文参考郑张尚芳(2008),记为"肇"。潘悟云(1996)指出,"肇(道)"前加表过去时间的用语说不通,这即是说,"肇"的体意义决定它只能与"罢2"叠加。

③ 可以是常规应对,如"道别",也可以是非常规应对,如"挽留"。

2008)，例(16)的"我走了"实际上是"我要走了"，表达愿望(动力情态)。"要"是"了"的承担者，也是情态和体意义的承担者。

(16)〈普通话〉你如果再磨蹭的话，我(要)走了！

在表达第三人称情态时，如例(17)，"要"产生歧义：一种解读是动力情态，另一种解读是说话者的认识情态，是对事件可能性的测度。此时"要"一般不省略。

(17)〈普通话〉你如果再磨蹭的话，领导*(要)走了！

温州方言中，情态解读与人称的关系更密切：主语为第一人称时，解作动力情态，如例(18)；主语为第二、三人称时，解作认识情态，见例(19)。而且，温州方言不强制要求"要、就"或类似北京口语的句末语气词"啊"等辅助成分。

(18)你再慢慢是添，我走罢2/嘚。(你再慢吞吞的话，我走了！)

(19)你再慢慢是添，你/老张有饭吃罢2/嘚。(你再慢吞吞的话，你/老张就没饭吃了！)

这种"人称敏感性"也普遍见于其他汉语方言和少数民族语言。如门巴语的将行体，第一二人称肯定式在动词后添加附加成分 cuʔ^{53} 和辅助动词 jin^{35}，第三人称肯定式在动词后添加附加成分 cuʔ^{53} 和辅助动词 neʔ^{35}(孙宏开等主编 2007：205)，可能与不同的情态解读相关。载瓦语的变化体、即行体、将行体中，主语的人称、数也造成形式变化(朱艳华 2012)。

第二，情态功能上，"罢2"可以表达说话人对事物(相对)恒久属性的认识或评价，不限于发生在将来时间中的事件，而具有泛时性(timelessness)，也符合 Bybee(1985：17)提到的"普遍性"，可表陈述或弱感叹语气，有成句作用。

(20)个侬真有趣罢2。(这人真有意思。)　　天色真好罢2。(天气真好。)

综上，"罢2"在语法化过程中，时间指称限制弱化，以言行事和认识情态功能加强。

1.3　小结

"罢1、罢2"位于谓语后。"罢1"肯定现实性(realis)，也可能与说话人的认识相关，指称非将来时间，有成句作用；"罢2"表达认识情态，表达将行体，指称将来时间。进一步语法化后，以言行事的功能和认识情态功能进一步加强，也有成句作用。

由于时间指称功能冲突，"罢1、罢2"从不同现。其本质是二者在现实性上存在差异，也影响二者与动宾结构的同现。游汝杰(2003)提供了"罢1"和动宾结构搭配的例子，摘为例(21)。实际上，在例(21)描述的现实情境中，动宾结构与"罢1"的搭配并不自然。因为温州方言的这类受事一般作话题①，例(21)一般表达为话题结构，见例(22)。

(21)我吃西瓜罢1。(我已经吃西瓜了。)　　渠乘船罢1。(他已经乘船了。)

(22)我西瓜吃(爻)罢1。(我已经吃了西瓜。)　　渠船乘上罢1。(他已经乘船了。)

现实情境不强制受事作话题，此时"罢2"与动宾结构的搭配相对自然，见例(23)②。

(23)我吃西瓜罢2。(我将要吃西瓜了。)　　渠乘船罢2。(他将要乘船了。)

Comrie(1985：39—40)认为，"现实"是已经或正在发生的情境，"非现实"是现实之外的所有情境，即将现实～非现实看成认知对象"自身"的性质或其时间性质；Chafe(1995：300)认

---

①　在话题优先的温州方言中，动宾结构进一步萎缩，受事话题的指称要求放宽(详见刘丹青 2001)。

②　例(23)也可表达为受事话题句：我西瓜吃底爻嘚。(我要把西瓜吃掉了。)渠船乘去爻嘚。(他将要乘船了。)

为,"现实"是指通过感知(perception)观察到的客观现实,"非现实"指通过想象构建的主观想法,即将现实~非现实看成"认知方式"的不同(参陈振宇 2007:22 的归纳)。陈振宇(2007)倾向于第二种界定。实际上,西方已有研究常将现实性纳入情态范畴,或至少认为是密切相关的,如 Palmer(2001)等。

本文认为,"罢1、罢2"均主要用于标记认识情态。"罢1"与各种体意义兼容,显示体意义并非核心限制条件。汉语没有严格意义的时范畴,时间指称一般只作寄生功能。可见,表达情态才是"罢"的核心功能。Palmer(2001:24)进一步将认识情态又分三个小类:①推测(speculative),表达不确定的认识;②推断(deductive),表达以可得到的证据为基础的认识;③假设(assumptive),表达以常识为基础的认识(参陈振宇 2017:493—494)。"罢1、罢2"在表达这三个小类时也有分工,小结见表 1。

表 1　"罢1"和"罢2"的时体情态功能

	时间指称	体意义	情态功能	基本功能
罢1[ba^{24}]	非将来时间	无限制	认识情态(推断、假设)	认识情态
罢2[ba^{0}]	将来时间	将行体	认识情态(推测、推断)、动力情态	认识情态

2. 相关成分"爻、过"及"有、得"的功能

温州方言的"爻、过、有、得"也与时体情态密切相关。这些成分彼此之间、与"罢"之间均有不同的同现规则。不同搭配有相近却微殊的解读,这些差异又难以通过对译完全反映出来,如例(24)的"有"常勉强译作普通话的"确实",无益于明确"有"的功能①。

(24)a. 酒我喝爻罢1。(酒我喝了。)　　b. 酒我有喝爻罢1。(酒我确实喝了。)

已有研究认为"爻、过"是体标记:"爻"是完成体标记,"过"是经历体标记。对"有"的定性尚不清晰,对"得"讨论较少,而且尚未在时体情态共生框架下区分"爻、过、有、得"的基本功能和寄生功能。本节详细讨论。

2.1　"爻"

"爻"一般加在光杆动词或由单音节动词和单音节补语构成的简单动补结构之后,如例(25)。当动补结构的动词或补语多于单音节时,"爻"可加在动词和补语之间②,如例(26)。

(25)衣裳园拢爻(衣服收起来)　　　作业写起爻(作业写完)

(26)掼爻沫破(摔得粉碎)　　　　　洗爻清清水水(洗得干干净净)

潘悟云(1996)、游汝杰(2003)认为温州方言的"爻"是完成体标记。但严格地说,"爻"应

---

①　但为行文方便起见,下文相关例句的分析中,"有"仍暂时对译作"确实"。

②　影响因素较为复杂。一是韵律因素:单音节动词与"爻"搭配,在韵律上与双音节(及其重叠得到的四音节)补语更为和谐;二是修辞因素:状态形容词作补语带有较强的描绘性(朱德熙 1956、张国宪 2007 等),与动词的连接并不紧密,类似于组合式述补结构。

该是完整体标记①,因为它对动作和事件的观察采用外部视点。例如,温州方言"走"有"行走"和"离开"两解,"行走"有匀质的内部过程;"离开"是瞬间动作,没有内部过程。例(27)a 句的"走"为"行走",加"爻"意为"已走完";b 句意为"未走完","走"就不与"爻"同现。若"走"和"爻"同现,如例(28),只能解为"离开"。

(27) a. 渠走<u>爻</u>四十分钟。((这条路)他走了四十分钟。)

　　　 b. 渠走四十分钟罢1。((这条路)他已经走了四十分钟。)

(28) 渠走<u>爻</u>四十分钟罢1。(他已经离开四十分钟了。)

游汝杰(2003)提出"爻"可与"罢1"构成"双重完成",如例(29)。

(29) 花瓶倒破爻罢1。(花瓶打破了。)

我们认为,"罢1"和"爻"确有"双重作用",但不是"双重完成"。例(30)a"罢1"独用,搭配进行体,肯定事态的进行;b 句"爻"独用,配合句式,表示将来时间中的"完成"。即,二者分别独用时都不限于表完成(整)体,不能简单视作"双重完成"。只有 c 句的"罢1"和"爻"配合时才明确用于肯定已然事实。

(30) a. [?]我代你衣裳洗<u>罢1</u>。(我正在洗你的衣服。)

　　　 b. 我代你衣裳洗<u>爻</u>。(由我来为你洗衣服。)

　　　 c. 我代你衣裳洗<u>爻罢1</u>。(我把你的衣服洗了。)

2.2　"过"

"过"是经历体标记②。游汝杰(2003)指出,"'过'后常接体助词'罢'(即'罢1'),或再接语气助词'个'",如例(31)(32)。

(31) a. 我北京走过罢1。(我去过北京。)　　　b. 北京我走过罢1。

(32) a. 我北京走过罢1个。(我去过北京的。)　　b. 北京我走过罢1个。

潘悟云(1996)指出,温州话的"过"对足句条件要求更严格,一般要与以下成分同现:①与确定时间联系的词语;②表动量的词语;③宾语前有限制性修饰语,见例(33)—(35)(例自潘文)。须注意的是,他将"罢1"归入①,认为其已然义与参照时间相联系,有时间定位功能。

(33) 我昨夜走过。(我昨天去过。)

(34) 北京我走过三遍。(北京我去三次。)

(35) 我读过十几个诗人个诗。(我读过十几个诗人的诗。)

2.3　"有"

如上所述,已有研究对"有"的定性并不明确,本节依次讨论"有"的时体情态意义。

---

　　① 有些语言的某个体标记可能与完整体、完成体都相关,只是程度不同,不一定非此即彼。在没有时范畴的语言中,完整体在很多情境下也符合完成体的情况。所以,在没有严格对立的情况下,将完整体称为完整体至多在描写精确度上存在问题(刘丹青编著 2017[2008]:463—464)。

　　② 游汝杰(2003)认为温州方言的"着"也是"经历体标记","相当于普通话的'到、过'"。本文认为,温州方言"着"的表现更接近普通话的持续体标记"着(zhe)"的前身"着(zhao)",可视作"表示结果的未完成体"(resultative imperfective),即从"接触到"引申为表示"达到目的",再发展表示动作成功、完结,是虚化结果补语的用法(玄玥 2018:209),不宜视作经历体标记。暂不展开。

时间指称方面,"有"主要用于非将来时间,包括现在时间,如例(36)(37),也包括过去时间,如例(38)(39)。"有"有时也用于将来时间,如下文例(57)b。

(36) a. 我是搭吃罢1。(我已经在吃了。)(动作持续的已然性)
　　　 b. 我有是搭吃罢1。(我确实已经在吃了。)(进一步肯定动作的持续)

(37) a. 我吃罢1。(我吃了。)(场景:饭桌上主人劝客人多吃,此为客人的客气话)
　　　 b. 我有吃罢1。(同上,指"我确实吃了")

(38) a. 我吃爻罢1。(我吃过了。)　　　 b. 我有吃爻罢1。(我确实吃过了。)

(39) a. 北京我走过罢1。(北京我去过。)b. 北京我有走过罢1。(北京我确实去过。)

体意义上,"有"受限较少,既可搭配非完整体,见例(36);也可搭配完整体,见例(37)—(39)。游汝杰(2003)指出,"有"相关的事件或动作"可能是在说话时正在进行,也可能只是指发生于目前这一个时期,说话时不一定正在进行"。这一观点实际上包括两部分:一是"体","有"可搭配持续、进行等非完整体;二是时间指称,"有"至少可指称过去和现在两种时间。

我们认为,认识情态是"有"的主要作用层面。"有"常译作普通话的"确实",表达说话人的认识或判断,见例(36)—(39),另见吴越(2020a),既可用于反映说话人对发生在将来时间的未然事件的判断或预测,也可用于反映说话人对发生在非将来时间的已然事件的进一步确认。后者较为特殊:已然事件自有客观真实性,强调说话人对已然事件的"确认",可能还与说话人对事件的参与度等因素有关,涉及亲涉(egophoricity)等其他范畴(可参吴越2020b)。游汝杰(2003)认为例(40)a表示"动作在过去时相发生",b句表示"鸡的一般食性",与时相无关。我们认为,例(40)a也可描述鸡的一般食性,但与b句的差异是说话人对这一知识经验的"确认"程度不同。

(40) a. 鸡有吃虫。　　　 b. 鸡吃虫。

"有"的功能之所以难以确定,是因为它兼容多种时体意义。游汝杰(2003)提出,"有"存在与否会引起语义的重大变化。我们认为,这正是"有"的基本功能和寄生功能在不同环境中得到不同凸显。下面分析一个实例。游汝杰(2003)认为,"前置于动词或形容词,肯定动作或状态发生"的"有1"一般不省略,否则会造成句子核心语义改变;"有2"是强调副词,可以省略,例(41)(42)是游文例句。

(41) a. 字眼有1写起。(字已经写了。) b. 字眼写起。(把字写了。)(祈使)

(42) a. 水有2是搭流。(水是在流。)　　　 b. 水是搭流。(水在流。)

我们认为,例(41)"有1"的隐现之所以改变句意,是因为"有1"是句中唯一可能承担时间指称功能的成分。例(41)b以话题结构表示祈使,语义具有非现实性[①]。因此,尽管没有"有1",例(41)b仍能迂回地指称将来时间。若句中还有其他能够指称时间的成分,如例(43)的"罢1","有1"的隐现就不改变句子核心语义,而主要凸显情态义。同理,例(42)的"有2"之所以用于强调和确认,是因为进行体、持续体标记"是搭"最优先关联现在时间指称,也寄生了时间指称功能。

(43) a. 字眼有1写起罢1。(字确实已经写了。)　　　 b. 字眼写起罢1。(字已经写了。)

综上,温州方言的"有"主要表达情态。之所以在不同环境中产生不同解读,是因为其时

---

① De Haan(2010)提到,除将来时外,还有否定、假设(条件、反事实)、祈使等,都可能成为非现实性的一部分,具体表现具有跨语言的差异。

体情态功能得到不同的凸显。尤其是在一些特定环境中,"有"的寄生功能得到强烈凸显,使它的整体表现和解读更加复杂。

2.4　"得"

2.4.1　温州方言中的"得"

汉语的"得"是多功能词。吴福祥(2009)讨论了东南亚语言"得"义语素的五种功能:①"得"义动词,②动相补语/完整体标记,③能性补语,④状态/程度补语标记,⑤能性补语标记。温州方言的"得"有前三种功能(②是较文的用法,少见),且可通过语音规则和形式加以区别。

一是文白异读。温州方言的"得"(曾摄入声)有文白异读(郑张尚芳 2016)。文读的"得"($[te^{323}]$)是"得"义动词,白读的"得"($[tei^{323}]$)作能性补语,如"吃不得"(不能吃)。"得"不表示"能力",例(44)ab 表示具有吃辣的能力,但不用"VP 得"。

(44) a. 辣椒吃来。　　　b. 辣椒会吃。(会吃辣椒。)　　　c. ♯辣椒吃得①。

二是"轻声辨义"规则(可参郑张尚芳 2007,吴越 2019 等)。当"V 得"后轻自变轻声,即"得"轻读时,不作能性补语,而作情态标记。本文主要关心情态标记"得"。

2.4.2　情态标记"得"

"得"位于谓语后,用于道义情态,如例(45)(46)。要求配合将来时间指称,配合将行体或完整体。"得"必须配合"罢2",这是因为:第一,"罢2"产生了进一步语法化(见 1.2.2 节),也获得了语气词的完句作用(如陆俭明 1982 等);第二,用于认识情态的"罢2"可进一步强调说话人的认识或判断。

(45) a. 你走得罢2,不得会迟到个。(你得走了,不然会迟到的。)

　　　b. 我困得罢2,明朝还着起五更。(我得睡了,明天还得早起。)

(46) 圆圆也丐侬得罢2。(圆圆也该嫁人了。)

2.4.3　"得"的进一步发展:"也得"

"也得"是"得"进一步发展的结果。"也得"位于句末,突破时间指称、体的限制,表示说话人的判断或推测,是专门化程度更高的认识情态标记,见例(47)—(49)。"也得"后可加表陈述语气的"个"。

(47) 老张吃爻罢1也得(个)。(老张可能已经吃过了。)(过去时间/完成体)

(48) 老张是搭吃也得(个)。(老张可能正在吃。)(现在时间/进行体)

(49) 老张走来肇也得(个)。(老张可能马上就来了。)(将来时间/将行体)

2.5　小结

对"爻、过、有、得"的讨论从以下两个角度展开:一是标记的情态意义,即命题加上标记后具有何种意义;二是事件本身的性质,即具有哪些性质的事件能与特定标记搭配(可参陈振宇 2007:23—24)。

"爻、过"的基本功能是体标记:"爻"基本不寄生其他功能②,"过"寄生过去时间指称;"有、

---

①　当 c 句的"得"作能性补语,整句意为"辣椒可以食用"则说得通。

②　在动词后且带补语时,"爻"一般带有消极色彩,与"起"相对,如:搭张床起(搭了一张床)(积极义);拆张床爻(拆了一张床)(消极义)(参潘悟云 1996、游汝杰 2003 等)。

得"的基本功能是情态标记:"有"用于认识情态,主要寄生非将来时间指称功能,常强调说话人对已然事件真实性的肯定,可能涉及其他的范畴意义;"得"用于道义情态,寄生将来时间指称。"得"进一步发展而来"也得"则突破时体限制,进入情态表达的更高层次——认识情态。

每个成分都有基本功能和寄生功能,对成分的定性一般根据其基本功能。小结见表 2①。

表 2　相关成分"爻、过、有、得"的基本功能与进一步发展

成分	时间指称	体意义	情态功能	基本功能	进一步发展
爻	无限制	完整体	无	体意义	—
过	过去时间	经历体	无	体意义	—
有	非将来时间(无标) 将来时间(有标)	无限制	认识情态	情态义	可能涉及其他范畴
得	将来时间	将行体、完整体	道义情态	情态义	"也得"用于认识情态

3. "罢"与"爻、过、有、得"的同现限制

本节进一步考察"罢"和"爻、过、有、得"的同现限制。同时,光杆动态动词可根据"持续"特征分为持续动词和瞬间动词,持续性光杆动词独立入句时可视作"零形式"。

3.1　光杆动词的解读

持续性光杆动词又可按有无内部终结点分为有界(telic)和无界(atelic)。无界的持续性光杆动词无所谓"观察视点"②,有界的持续性动词可采取两种视点,一是外部视点,表达完整体意义,如例(50);二是内部视点,表达非完整体意义,如例(51)。

(50)我吃先。(我先吃。)

(51)我吃起先。(我先开始吃了。)(未完整体:起始)

吴语的受事一般不作宾语而作话题。但当受事为数量短语时要求作宾语。若单纯描述过去事态,动词需以光杆形式入句,不用"爻、罢1"等,如例(52)。例(53)(54)a 一般不单独完句,需增加后半句,如例(53)(54)b。即便单独出现,语用上也非完全中性,可推知其他信息或语用含义。

(52)我买三张票。(我买了三张票。)

(53)a. ??我买爻三张票。　　b. 我买爻三张票也冇打折。(我买了三张票也没打折。)

(54)a. ?我买三张票罢1。(我已经买了三张票。)

　　　b. 我买三张票罢1,三个侬正好。(我已经买了三张票,三个人正好。)

---

　　①　De Haan(2010)指出,语源上,完成体标记(且与其他时体范畴密切关联)常源于领有动词或表示"完成"的语素。"有"属于前者,"爻"(潘悟云 1996)和"罢1"属于后者。

　　②　De Haan(2010)指出,很多语言只有过去时有"体"的区别,因为只有过去时间中的动作才能区分完成与否。现在时的事件天然地具有未完成义,谈论将来时间中的事件完成与否无意义。将来时是原型的非现实范畴。

3.2 "罢2"和"有"的互补分布

"罢2"不与"有"共现,"罢1"常与"有"共现,如例(55)(56)。

(55) a. 雨有落起罢1。（我确认了,确实下雨了。）　　b. * 雨有落起罢2。

(56) a. 我有是搭吃罢1。（我确实已经在吃了。）　　b. * 我是搭吃罢2。

"罢2"不与"有"共现,最主要原因是时间指称功能不和谐:"有"一般指称非将来时间,"罢2"一般用于指称将来时间。但"有"有时也用于未然事件判断,理论上不应完全不同现。但事实上"罢2"和"有"却严格地互补分布,还有两个次要原因。第一,判断未然事件时,"有"与"会"分工。"会"既可用于基于事实例证或一般规律的理性判断,也可用于非理性判断。"有"只用于前者(例(57)改自游汝杰 2003)。

(57) a. 你走来能界,我一定会是搭等你。（你来的时候,我一定在等你。）

　　　 b. 你走来能界,我一定有是搭等你。

"罢2"对未然事件既可以进行理性判断,也可以进行非理性判断,与"会"一致。因此,"罢2"常与"会"共现,如例(58)。"有"仅用于理性判断,出现缺口。

(58) 你再讲渠添,渠会燥起罢2。（你如果再说他,他会生气的。）

第二,"罢1、罢2"严格地互补分布,而"有"和"罢1"和谐度很高,见例(55)(56)。从系统整体性考虑,"罢2"就不再与"有"同现。

3.3 "罢1、得""罢2、过"的互补分布

"得"的基本功能是作情态标记,可配合将行体或完整体;"罢1"虽无体意义限制,但由于时间指称功能冲突,"罢1"和"得"互补分布:"罢1"用于非将来时间指称,"得"用于将来时间指称。但是,由"得"进一步语法化得到的"也得",基本不受时体限制,用于认识情态,可以自由地与"罢1"同现,见上文例(47)—(49)。同理,经历体标记"过"与过去时间指称相和谐,与寄生了将来时间指称功能的"罢2"冲突,从不共现。

3.4 小结

总的来看,各成分的时体情态意义在明显冲突时绝不同现。这一观察要同时兼顾基本功能和寄生功能。具体的共现限制小结见表3。

表 3　情态标记"罢"与相关成分的组合表现与限制

	"父"	"过"	"有"	"得"
"罢1"	○	○	○	×时间冲突
"罢2"	○	×时间冲突	×①时间冲突,②情态竞争	○

同现层次上,体标记作用于谓语①,情态成分作用于命题,即情态成分的作用层次高于体。

---

① Bybee(1985)指出,如果一个语言同时有体形态和时形态,一般来说,体形态距离动词根(verb root)更近。因为距离动词根越近,说明和动词的语义关联更紧密。

同时，认识情态的层次又高于非现实语气或其他根情态，位于更外侧（outer layer）（Dik 1997：242，Van Valin & LaPolla 1997：47，Cinque 1999：71—73、76、106 等）。具体来看，完整体标记"爻"和经历体标记"过"在最内层；与事件密切相关的情态标记"罢1"①和"得"位于中间层；与命题密切相关的情态标记"罢2、有"位于最外层。同一层次成分不同现："爻、过"不同现，"罢1、得"不同现，"罢2、有"不同现。

否定形式也为层次划分提供了证据。游汝杰（2003）认为，带"罢1"的完成体动词的否定形式是"未 V"，如例（59）。当"罢1"与更外层的"有"同现时，如例（60），不仅可用"未"，还可用"冇"（没有）否定，见例（61）。

（59）酒我未喝。（酒我还没有喝。）

（60）酒我有喝罢1。（酒我还没有喝。）

（61）a. 酒我还未喝。　　　b. 酒我冇喝。

4. 结　　论

本文考察温州方言中与时体情态密切相关的成分"罢、爻、过、有、得"的基本功能和寄生功能，及上述成分构成的时体情态共生系统，形成四条主要结论。

第一，温州方言的两个"罢"语音形式不同，时间指称功能冲突，从不同现，但可统一处理为情态标记。"罢1"寄生非将来时间指称，体和情态无限制，"罢2"寄生将来时间指称和将行体。总的来看，二者占据了相同范畴的不同空间，或者说表达同一范畴的不同意义。情态义是这一处在库藏裂变过程中的成分的核心语义纽带②（关于"库藏裂变"可参刘丹青 2019）。

第二，"爻、过"是体标记：完整体标记"爻"基本不寄生其他功能③，经历体标记"过"寄生过去时间指称；"有、得"是情态标记："有"用于认识情态，寄生非将来时间指称功能；"得"用于道义情态，寄生将来时间指称。进一步发展产生的"也得"用于认识情态。

第三，各成分产生共现限制的原因是功能冲突：A 成分的基本功能和 B 成分的寄生功能冲突。相对地，当 A 成分的基本功能和 B 成分的寄生功能和谐时，甚至在其中一个成分缺失后，由另一成分的寄生功能加以弥补。"有"的表现就是典型例子（2.3 节）。有些成分的基本功能或寄生功能彼此冲突，从不同现。同时，时间指称往往寄生于体标记、情态标记。其中，若解读受人称影响，则优先理解为情态：第一人称通常用于言者情态，第二人称通常用于施者情态，第三人称有歧义解读。"罢""有"及"得"的不同表现也显示，对时体义越不敏感，对不同

---

① 陈泽平（1998：190—191）指出，福州话的已然体标记"了"[nau]有成句作用，兼表陈述语气，可与其他各体标记相容。即，已然体与其他六种体不在同一层面上，其语法意义是肯定句子描述的是已然事实。"罢1"与福州话的"了"[nau]与在功能上非常近似，且同样与其他"体"不在同一层次。

② 二者语音形式的主要差异是"罢1"读原调（语流中也可能轻读）而"罢2"轻读。虽然研究者用同一汉字记录，仅用序号加以区分，但初步调查显示，在部分母语人心中，由于两个"罢"占据了不同的时间指称、体、情态的表达空间，彼此的联系已有所割裂。

③ 这里暂不考虑再接补语时对补语语义的"消极"义要求。

时体义的兼容性越强,情态功能就越发达①。

　　第四,体标记、情态标记作用层次不同,体标记与谓语关系密切,在更内侧(更低层次);情态标记作用于整个命题,位于外侧(更高层次)。同一层次的成分一般不同现。

　　总的来看,温州方言的时体情态共生系统兼顾三者又有侧重,这也是汉语的整体特点决定的(刘丹青 2018、唐正大 2018 等)②。崔希亮(2003)认为,汉语既非体貌凸显型(aspect-prominent)语言,也非情态凸显(mood-prominent)语言(这对概念见 Bhat 1999),而是动相凸显的语言。但温州方言可能是情态凸显型的方言:首先,"罢、有、得"分别涉及了汉语的三种情态系统:语气系统、情态动词系统、助动词系统(崔希亮 2003)。而且,完全不含情态义的成分"爻、过"若不配合含情态义的成分"罢、有、得"便无法完句,充分显示情态的凸显性。

　　同时,时体情态系统的语种特异性对具体方言的考察提出了更高的要求。具体方言的时体情态系统还受语法库藏的整体影响。如温州方言"罢2"排斥非完整体表达和"动词 + 数量名宾语"结构(达成义),却不排斥大部分的动结式和动趋式(尤其是二字组),这一方面显示"罢2"的分工尚不细致,另一方面也反映(二字组)动补结构的显赫性(吴越 2019)。

　　本文在考察"罢、爻、过、有、得"等成分的基本功能和寄生功能的基础上,梳理温州方言的时体情态共生系统,为汉语方言时体情态共生系统的考察提供新的案例。

参考文献

陈前瑞,王继红.从完成体到最近将来时——类型学的罕见现象与汉语的常见现象[J].世界汉语教学,
　　2012(2).

陈泽平.福州方言研究[M].福州:福建人民出版社,1998.

陈振宇.时间系统的认知模型与运算[M].上海:学林出版社,2007.

陈振宇.汉语的指称与命题[M].上海:上海人民出版社,2017.

崔希亮.事件情态和汉语的表态系统[M]//语法研究和探索(十二).北京:商务印书馆,2003.

戴耀晶.现代汉语时体系统研究[M].杭州:浙江教育出版社,1996.

刘丹青.吴语的句法类型特点[J].方言,2001(4).

刘丹青.寄生范畴:源于语法库藏限制条件的语义范畴[J].中国语文,2018(6).

刘丹青.汉语中的库藏裂变[J].语言教学与研究,2019(5).

刘丹青编著.语法调查研究手册[M].上海:上海教育出版社,2017[2008].

陆俭明.现代汉语副词独用刍议[J].语言教学与研究,1982(2).

吕叔湘.现代汉语八百词(增订本)[M].北京:商务印书馆,1999[1980].

潘悟云.温州方言的体和貌[M]//中国东南方言比较研究丛书(第 2 辑)·动词的体.香港中文大学中国文
　　化研究所/吴多泰中国语文研究中心,1996.

唐正大.汉语主句现象进入关系从句初探[M]//语法研究和探索(十四).北京:商务印书馆,2008.

---

　　①　Bybee et. al(1994:247—248)指出,有些语言有两种以上表示将来时间的形式,反映不同的确定性,或理解为说话人对将来事件不同程度的信心。如南阿高语(Southern Agaw)中,-aGa 用于表示说话人对将来事件发生的极大信心,而-e 只表示将来事件一般的可能性。

　　②　这也是世界语言的常态。毕竟像俄语那样明确区分时范畴和体范畴的语言并不多见,相近范畴间或多或少都存在交叉和一定程度的寄生。

唐正大.关中方言的将来时间指称形式——兼谈时体情态的共生与限制[J].方言,2018(2).

孙宏开主编.中国的语言[M].北京:商务印书馆,2007.

孙天心.草登嘉戎语动词的时—体范畴[J].汉藏语学报,2008(2).

王莉.温州话"道"的将行体用法及其本字[J].方言,2004(2).

吴福祥.从"得"义动词到补语标记——东南亚语言的一种语法化区域[J].中国语文,2009(3).

吴越.吴语浙江瑞安话的轻声辨义现象及其显赫性[J].语文研究,2019(4).

吴越.吴语瑞安话"有"的功能及其反映的方言类型特点[J].语言研究集刊,2020a(26).

吴越.亲涉性述评[J].当代语言学,2020b(3).

玄玥.完结范畴与汉语动结式[M].北京:商务印书馆,2018.

游汝杰.温州方言语法纲要[M]//著名中年语言学家自选集·游汝杰卷.合肥:安徽教育出版社,2003.

张国宪.状态形容词的限定和语法特征描述[J].语言科学,2007(1).

郑张尚芳.温州方言的轻声变化[J].方言,2007(2).

郑张尚芳.温州常用方言词本字辨正[M]//东方语言学(二).上海:上海教育出版社,2008.

郑张尚芳.温州方言的文白异读[M]//吴语研究(八).上海:上海教育出版社,2016.

朱德熙.现代汉语形容词研究[J].语言研究,1956(1).

朱艳华.载瓦语的"体"[J].汉藏语学报,2012(6).

Bhat, D.N. Shankara. *The Prominence of Tense, Aspect and Mood*. Amsterdam, Philadelphia: John Benjamins, 1999.

Bybee, Joan. *Morphology: A Study of the Relation Between Meaning and Form*. John Benjamins Publishing, 1985.

Bybee, Joan and Perkins, Revere and Pagliuca, William. *The Evolution of Grammar: Tense, Aspect and Modality in the Language of the World*. Chicago: The University of Chicago Press, 1994.

Chafe, Wallace. The realis-irrealis distinctions in Caddo, the Northern Iroquoian languages, and English. In Bybee Joan & Fleischman Suzanne(eds.) *Modality in Grammar and Discourse*. John Benjamins Publishing, 1995.

Cinque, Guglielmo. *Adverbs and Functional Heads: A Crosslinguistic Perspective*. New York: Oxford University Press, 1999.

Comrie, Bernard. *Tense*. Cambridge: Cambridge University Press, 1985.

Comrie, Bernard. *Aspect*. Cambridge: Cambridge University Press, 1991[1976].

Dahl, Östen. The grammar of future time reference in European languages. In *Tense and Aspect in the Languages of Europe*(Vol.6, pp.309 - 328). Berlin: Mouton de Gruyter, 2000.

DeHaan, Ferdinand. Typology of tense, aspect, and modality systems. In Song, Jae Jung(eds.) *The Oxford Handbook of Linguistic Typology*. Oxford: Oxford University Press, 2010.

Dik, Simon. *The Theory of Functional Grammar, Part 1: The Structure of the Clause*, 2nd, rev. edn, edited by Kees Hengeveld. Berlin: Mouton de Gruyter, 1997.

Hengeveld, K., & Wanders, G. Adverbial Conjunctions in Functional Discourse Grammar. In Hannay, M & Steen, G(eds). *The English Clause: Usage and Structure*. Amsterdam: John Benjamins, 209 - 226, 2007.

McCawley, James D. Tense and Time Reference in English, In *Studies in Linguistic Semantics*, Charles Fillmore and D. Terence Langendoen(eds.), 96 - 113. New York: Holt, Rinehart and Winston 1971.

Palmer, Frank. *Mood and Modality*. Cambridge University Press, 2001.

Smith, Carlota S. *The Parameter of Aspect*. Springer Science & Business Media, 2013[1991].

Ultan, Russell. The nature of future tenses. In Joseph Greenberg(ed.). *Universals of Human Language*: *Word Structure*: 83 - 123, 1978.

Van Valin, Robert D. Jr. & Randy J. LaPolla. *Syntax*: *Structure*, *Meaning and Function*. Cambridge: Cambridge University Press, 1997.

Wolfgang, Klein, Ping Li, Hemriette Hendriks. Aspect and Assertion in Mandarin Chinese. *Natural Language & Linguistic Theory*, 18(4), 723 - 770, 2000.

近代汉语"着"字使役句考察

——兼论汉语致使词的产生机制 *

南昌大学客赣方言与语言应用研究中心　刘海波

内容提要　汉语使役句在语义上可以区分为使令义和致使义①。文章在使役句各语义要素原型分析的基础上,考察了近代汉语致使词"着"的来源和使用情况,认为致使词"着"有两条语义演化链条:附着→使役、放置→使用→派遣→使役。最后,从句法基础、语义要素原型向非原型扩展、语用等角度探讨了汉语致使词的产生机制。

关键词　着;致使词;使役句

1. 使役句语义要素的原型分析

汉语使役句的句法结构可以表述为"主语 + 使役动词 + 兼语 + VP"($N_1 + V_1 + N_2 + VP$),语义结构可以表述为"致事 + 致使词 + 所使 + 致使结果"。汉语使役句作为一个致使结构在语义要素上包含了"致事、致使词、所使和致使结果",我们可以采用原型的范畴化理论②对这些语义要素进行分析。

---

* 　基金项目:江西省社会科学"十四五"(2021 年)基金项目"敦煌变文中的处置式和使役式对比研究"(21YY29);江西省高校人文社会科学重点研究基地项目"近代汉语分析型致使结构研究"(JD17108);江西省教育科学规划项目"基于国学经典研读下的大学生人文素质培养模式研究"(19YB002)。

①　张赪(2013)、牛顺心(2014)从语义上将使役句区分为"使令义"和"致使义",李佐丰(1989)和朱琳(2011)区分为"意使"和"致使",冯春田(2000:613)区分为"具体使役"和"抽象使役",其中"使令义"、"意使"和"具体使役"是对应的,"致使义"、"致使"和"抽象使役"是对应的。使令义是指致事通过直接控制所使去完成某种活动,致使义是指致事影响或造成所使达某种结果或处于某种状态。例如:(1)他叫我去图书馆看书;(2)他的行为令我很失望。例(1)表达的是使令义,而例(2)表达的是致使义。洪波、赵茗(2005)认为使役句可以表达三种意义:命令型——高强度使役(即本文说的使令义)、致使型——中强度使役(即本文说的致使义)、容让型——低强度使役。我们认为从语义上确实可以进行这样的切分(甚至还可以分出"意欲型"〈蒋绍愚,2012:508〉),但从句式特点来看(主要指"致事"的有生性和 V2 的自主性),致使型和容让型是不好区分的。本文仍然采取将使役句区分为使令义和致使义的二分法,但在具体例句分析的时候可能会提到容让义或意欲义。

②　原型范畴理论认为范畴的边界不明确、具有开放性的特点,范畴成员之间的地位不相等、具有家族相似性,属性(attribute)在范畴成员的判断上具有很重要的地位。关于原型范畴理论,本文主要参考了 Lakoff(1987:23—58)、沈家煊(1999)、王寅(2001:184—189)和李炯英(2012:61—63)等人的观点,由于篇幅的原因,不便展开。

1.1　致事和所使的原型

　　"致事"和"所使"最根本的语义特征是有生性①[+ animate],我们认为"致事"和"所使"的原型都是有生命并能完成力的传递的人。语言结构包含了一种力学结构(Talmy,2000:461),致使结构也存在"力"的传递。"致事"是命令的发出者,也是整个致使结构的"力"的起点,其原型由生命度高的人或团体才能充当,如下面例(1)中的"楚王"。"所使"是命令的接受者和执行者,是致使结构的"力"的传递者,其原型一般也是由生命度高的人来充当,如下面例(1)中的"狱卒"。

　　(1) 楚王使狱卒唤出仵奢、子尚,处法徒刑。(《敦煌变文集·伍子胥变文》)

　　在汉语使役句的历时发展过程中,"致事"经历了一个从生命度高的人或团体扩展到生命度低或无生命事物的过程。"所使"在表达使令义的使役句中一般是由生命度高的人或团体来充当(如下面例〈2〉中的"客卿通"),在表达致使义的使役句中可以由生命度高的人或团体来充当(如下面例〈3〉中的"人"),也可以由无生命的事物来充当(如下面例〈4〉中的"柳条")。"所使"的这种特点一直延续到现代汉语中。

　　(2) 秦乃遣客卿通将兵救楚,三国引兵去。(《史记·楚世家》)

　　(3) 看名王宵猎,骑火一川明,笳鼓悲鸣,遣人惊。(南宋·张孝祥《六州歌头》)

　　(4) 羁客春来心欲碎,东风莫遣柳条青。(唐·戎昱《湖南春日二首》)

1.2　致使词的原型

　　致使词的原型是能够进行能量传递的实义动词。"人们最先感知到的致使关系都是直接的具有物理性质的能量传递,而对其他抽象关系的感知还需要经历一定的认知过程。"(李炯英,2012:65)朱琳(2011:135)从动词语义引申的角度,认为"汉语致使词经历了这样的一个虚化链条②:使令→使役→无意允让→有意允让→被动"。虽然并不是所有的汉语致使词都完整地经历了这五个演变阶段,但汉语致使词从实到虚的演变方向是一致的,致使力的传递也经历了一个由强到弱的演化过程。下面例(5)到例(7)的"遣"就经历了"使令→使役→允让"这样的一个演变链条。

　　(5) 始皇闻之,遣御史逐问,莫服,尽取石旁居人诛之,因燔销其石。(《史记·秦始皇本纪》)

　　(6) 使人天之敬汝,遣四众之羡君。(《敦煌变文集·维摩诘经讲经文》)

　　(7) 秋千外,芳草连天,谁遣风沙暗南浦。(南宋·刘辰翁《兰陵王》)

---

　　①　李炯英(2012:64)认为致事最显著的两个语义特征是有生性[+ animate]和意愿性[+ volition],这是有一定道理的,不过我们认为有生性才是最根本的语义特征,因为意愿性是由有生性决定的,无生命的事物是不可能存在意愿性的。

　　②　有学者(如江蓝生〈1999〉、袁宾〈2001〉等)认为"并不是所有致使词都经历了这样的虚化链条,比如'给予'义动词没有经过使令、使役的阶段,直接发展出了允让义"。关于汉语给予义动词发展为被动标记有没有经过使役这一中间环节,学术界存在争议,本文倾向于冯春田(2000),洪波、赵苪(2005)等学者的观点,认为给予义动词及其所构成的双宾语结构,首先演变为使役类结构,然后才由使役类结构进一步演变为被动式。

1.3 致使结果的原型

"致使结果"的原型是致使动作的外化,是"所使"的具体动作。从人的认知上来看,具体动作是比较容易观察的,对抽象的状态改变的感知是后于具体动作的。"致使结果"是使役句中"力"传递的终点,最初表现为 N_2 的外在动作,之后才是内在状态。从历时发展来看,一般当"致使结果"发展为表现 N_2 的状态时,整个使役句表达的是"致使义",我们也可以据此判断一个实义动词是否发展成为致使词了。例如,我们知道"遣"在现代汉语中不是一个致使词,但在近代汉语中却是致使词。下面例(8)和例(9)表达的都是"致使义",特别是例(8)中的"遣"和"教、把、令"对举,更能说明它是一个致使词了。

(8) 休教烦恼久缠萦,休把贪嗔起战争,休遣信根沈爱网,休令迷性长愚情。(《敦煌变文集·维摩诘经讲经文》)

(9) 遣离人、对嘉景,触目伤怀,尽成感旧。(南宋·柳永《笛家弄·笛家》)

以上我们对汉语使役句的语义要素"致事、所使、致使词和致使结果"的原型进行了分析,并认为"致事"和"所使"的原型都是有生命并能完成力的传递的人,致使词的原型是能够具有能量传递的实义动词,"致使结果"的原型是"所使"的具体外化动作。

在近代汉语阶段,产生了很多致使动词,如"教(叫)、让、与、给、遣、放、着、等",这些致使词有的消失不用了(如"遣"),有的保留在现代汉语普通话中(如"教、叫"),有的保留在现代汉语方言中(如"着、等")。近代汉语中的致使词之所以这么复杂,一方面可能存在方言因素;另一方面可能与近代汉语语法的芜杂性有关。之所以存在这种芜杂性,刁晏斌(2001:10)认为:"语法是处于不断的发展变化中的,在这个发展变化的过程中,在旧形式的基础上,又能产生新的形式,而新旧形式大致都有一个并存的阶段。此外,再加上那些时代缺乏严格统一的标准和规范,人们在语言运用中有时就表现出一定的随意性。""着"在近代汉语时期发展成了致使词和被动标记,而且现代汉语方言中也存在"着"字使役句和被动句的用例。结合现代汉语方言材料,考察近代汉语"着"字使役句的来源和历时演变情况,有助于我们加深对汉语致使词产生机制的了解。

2. "着"字使役句的来源及其在近代汉语中的使用情况

《说文解字·竹部》:"箸,饭敧也。从竹,者声。"将"箸"解释为吃饭的筷子,应当是其引申义。"箸"的本义是用竹棍拨火使明,后俗将竹头改为艹头作著。宋代又由"著"的草体楷化,分化出"着"字。"着"是"著"的后起字,唐代及以前多写作"著",唐代以后多写作"着"。本节除部分例句外,在行文中均写作"着"。

2.1 致使词"着"的来源

《广韵》中的"着"读为张略切(三等、开口),义为"使接触别的事物,使附在别的物体上",即"附着义"。读为陟虑切(三等、开口),义为"使用义"。《中原音韵》中的"着"在鱼模部有去声的读法,来源于中古的陟虑切(三等、开口),在萧豪部和歌戈部都有平声的读法,来源于中古的张略切(三等、开口)。马贝加(2014:921)认为"'着'至少有三个动词意义,分别是'附着'或'放置'义、'持拿'或'使用'义和'遭受'或'承受'义。"不过,马文并没有论述这些语义的关系。张美兰(2006)认为"在中古汉语里，'着'由'附着'义发展出'放置''遭受''使用'等含义。"我们认为"着"的基本义为"接触、贴近"，引申出"附着""放置""使用""遭受"等义，在此基础上进一步发展成致使词和被动标记。

从"着"在中古、近代汉语文献中的使用情况来看，我们认为其具有"放置""附着""使用"和"遭受"四个义项。我们来看下面的例句：

(10) 人今总摘取，各著一边厢。(《游仙窟》)

(11) 血脉不复归，必燥著母脊。(《三国志·方伎传》)

(12) 道由言讫，便奔床卧，才著锦被盖却，横马举鞍，便升云雾，来到隋文皇帝殿前，且辞陛下去也。(《敦煌变文集·韩擒虎话本》)

(13) 你当日逞英雄与曹操做敌头，则被倒空营，俺着他机毂。(《元曲选·千里独行，二》)

上面例句中的"着"，例(10)是"放置"义，"一边厢"即"一边"("厢"即"边"，属于语素羡余)。例(11)是"附着"义。例(12)是"持拿"或"使用"义，这种语义可以发展出工具式。例(13)是"遭受"义，"着"和"被"对举，语义很明显。我们认为"着"发展为致使词的语义基础是"着"的"附着义""放置义"和"使用义"，下面分别加以论述。

2.1.1　附着→使役

"着"的附着义发展出使役义经历了一个句式融合、重新分析的过程。我们看下面的例句：

(14) 夜雾著衣重，新苔侵履湿。(唐·韦应物《郡中对雨·赠元锡兼简杨凌》)

(15) 风声吹竹健，凉气着身轻。谁有闲心去，江边看水行。(唐·齐己《秋兴寄胤公》)

(16) 风回便报晴，淡云斜照著山明。(北宋·苏轼《南歌子·雨暗初疑夜》)

(17) 别离滋味浓于酒。着人瘦。(北宋·张耒《秋蕊香》)

马贝加(2014:944)认为"就语义关系而言，'着＋N＋A'式有作多种理解的可能性"。即上面例(14)、(15)中的"重"和"轻"在语义指向上不明确，既可以指"雾""气"，也可以指"衣"、"身"。不过，这只是具有两种分析上的可能性，从诗文的对仗来看，例(14)和(15)中的"重"和"轻"应该是指"衣"和"身"而言的，因为"湿"和"健"在语义上是指向"履"和"竹"的。此外，"夜雾着衣重""凉气着身轻"在层次划分上存在多种可能性，"着衣重""着身轻"结合得并不紧密，因此例(14)、(15)还不能算作是使役句。例(16)中的"明"在语义上指向"山"，而这里的"著"既可以理解为"附着"，也可以理解为"使"，句意可以这样理解"阳光著(附着)山，著(使)山明"，这为"着"从"附着义"发展到"使役义"提供了重新分析的可能。例(17)中的"瘦"只能是指"人"了，而且由于"着人瘦"是单独的语段，结合得比较紧密，因此这里的"着"可以认为是使役动词了。这一演变过程我们可以描述为：动作义(附着义)→小句融合→致使义，演变条件是句式融合、重新分析。

2.1.2　放置→使用→派遣→使役

"放置义"的"着"在中古汉语时期就有用例，如：

(18) 以犀柄麈尾著柩中，因恸绝。(《世说新语·伤逝》)

(19) 作十饼如手掌，著湿草卧一宿，便阴干。(晋·张华《博物志》)

(20) 新添水槛供垂钓，故着浮槎替入舟。(唐·杜甫《江上值水如海势》)

"着"的"放置义"发展出"使用义"(即工具式)的原因有两点：一是句法结构相似，"V$_{放置}$＋N＋VP"和"V$_{使用}$＋N＋VP"；二是语义上存在重新分析的可能，如上面的"着湿草卧一宿"既可以理解为"放湿草卧一宿",也可以理解为"用湿草卧一宿",现代汉语中的"放清水慢煮"和"用清水慢煮"表义类似。金小栋、吴福祥(2017)利用汉语方言材料也证明了"着""搁"和"放"等汉语放置义动词经历了平行的语义演变,并认为"放置/添放义＞工具"是汉语中反复出现的语义演变模式。

我们认为从"着"的"使用"义发展出来的工具式是促使"着"字使役句产生的一个诱导因素。工具式中的工具名词在原型上应该是生命度低或是无生命的事物,不过在类推和泛化的作用下,工具名词可以由生命度高的人或团体来充当。在表工具的"着"构成的句子中,如果"着"后的工具名词的生命度较高(名词是人的身体或人体器官),就可以看作是其后动词的施事,这样句子就可以理解为使役句了。如:

(21) 身中始得坚牢藏,心上还除染患胎,帝释敢(感)师兄说法力,着何酬答唱将来。(《敦煌变文集·维摩诘经讲经文》)

(22) 卓子上看时,果然错封了一幅白纸归去,着一幅纸写这四句诗。(《清平山堂话本·简帖和尚》)

(23) 诗万首,酒千觞。几曾着眼看侯王。(南宋·朱敦儒《鹧鸪天·西都作》)

(24) 奉圣旨,着小官主兵蒲关,提调河中府事,上马管军,下马管民。(元·王实甫《西厢记杂剧》)

上面例句中的"着"都可以理解为工具式,意为"用"。不过,充当"着"后面的工具名词的生命度是有差异的。其中例(21)和(22)是无生命的事物,例(23)是身体名词,在有些情况下可以理解为人对宾语施加动作,因此工具就转换为所使,句子表现为使役句。例(24)中的"着小官主兵蒲关"既可以理解为工具式(用小官来主兵蒲关,即"小官"是一个工具),也可以理解为使役式(让小官主兵蒲关)。从"使用"到"命令"再到"使役",这个演变过程和蒋绍愚(2012)总结的工具式发展为致使义处置式是一样的。这一演变过程我们可以描述为:动作义(放置义)→工具式→派遣→使役。

上面我们讨论了致使词"着"的两个演化来源:①"附着→使役";②"放置→使用→派遣→使役"。其中来源于①的致使词"着"只能表达致使义,而来源于②的致使词"着"既可以表达使令义,也可以表达致使义。

2.2　"着"字使役句在近代汉语时期的使用情况

下面我们考察下"着"字使役句在近代汉语时期的使用情况。

2.2.1　唐宋

唐之前存在一些"着"字句使役句的疑似用例,如:

(25) 吴主怒,敕缚琰,着甲士引弩射之。(晋·干宝《搜神记》卷一)

(26) 女尚书着貂蝉佩玺陪乘,载筐钩。(《晋书·礼志》)(引自田春来〈2009〉)

(27) 《葛洪方》曰:"人得蛊,欲知姓名者,取襄荷叶著病人卧席下,立呼蛊主名也。"(《齐民要术》卷三)

上面例(25)中的"著"有注本写作"差",可能是"差"的形误。例(26)出自唐人编的《晋书》,不一定反映的是唐之前的语言事实。例(27)中的"着"不应该看成是使役动词,该句的断句应该是"取襄荷叶著病人卧席下",意为"把襄荷叶放在病人的卧席下",而不是"让病人睡卧在席下","着"的意义是"放置"。总体上,唐之前还没有发现非常明确的"着"字使役句的用例。

唐五代语料,笔者调查了《全唐诗》《敦煌变文集》《祖堂集》和《入唐求法巡礼行记》。宋代语料,笔者调查了《朱子语类》(卷 1—62)、《三朝北盟汇编》、《全宋词》、《张协状元》。

我们发现"着"字式使役句在唐代已经出现了,不过用例较少。《敦煌变文集》有2例,《入唐求法巡礼行记》有 5 例使令义使役句,《全唐诗》有11 例致使义使役句。

(28) 昔齐景公夜梦见病鬼作二虫得病,着①人遂向外国请医人秦瑗至齐国境内。(《敦煌变文集·搜神记》)

(29) 其弟子等来到慎言处觅船,慎言与排比一只船,着人发送讫。今年九月发去者。(《入唐求法巡礼行记》卷四)

(30) 故人赠我我不违,着令山水含清晖。(李白《酬殷明佐见赠五云裘歌》)

(31) 怜渠直道当时语,不着心源傍古人。(元稹《酬孝甫见赠十首》之二)

"着"字使役句在宋代的用例有所增多,《朱子语类》(卷 1—62)有11 例使令义使役句,《三朝北盟汇编》有2例使令义使役句,《全宋词》有 9 例致使义使役句,《张协状元》有1 例致使义使役句。

(32) 盖才行此,便着教他习武事。(《朱子语类》卷四三)

(33) 我着人马三面逼着,令汝家就取,却恁生受,奈何不下。(《三朝北盟汇编》卷一二)

(34) 正佳时,仍晚昼。著人滋味,真个浓烈酒。(北宋·李之仪《谢池春·残寒销尽》)(令人感到滋味深厚,真个是浓似醇酒)

(35) 伊着我,此心坚。石头须,定教它穿。(《张协状元》)

如上所述,唐宋时期的"着"字使役句在文献中的使用情况主要表现出以下三个特点:

1. 唐宋时期的"着"的使役句在文献中虽已有用例,但都以低频出现,说明还处于萌芽阶段。而且这个时期的"着"字使令义使役句多出现在散文中,而致使义使役句多出现在韵文(唐诗、宋词、戏曲)中。

2. 唐代文献中部分表使令义的"着"可以用"差"来代替,且"所使"多是生命度高的人或团体,说明"着"表使役来源于它的"派遣义"。在唐宋散文文献中,没有发现"着"字致使义使役句的用例,说明来源于"派遣义"的"着"字使令义使役句还没有发展出"致使义"。

3. "着"字致使义使役句都是出现在韵文中,其"所使"多是无生命的事物,说明其来源是"着"的"附着义"。唐宋时期的"着"字使令义使役句和致使义使役句的来源是不同的,前者来源于"派遣义",后者来源于"附着义"。

2.2.2 元代

元代语料,笔者调查了《元刊杂剧三十种》《西厢记杂剧》《倩女幽魂》和《原刊老乞大》。下表是"着"字使役句在元代部分文献中的使用情况:

语义类别特点文献	《元刊杂剧三十种》	《西厢记杂剧》	《倩女幽魂》	《原本老乞大》
使令义	17	19	14	15
致使义	4	22	3	0
总 数	21	41	17	15

---

① 例(28)(29)有校注不用"着",用"差",不过句子都含有使令义。

我们发现"着"字使役句在元代文献中很常见，而且用法呈现出多样化的特点。

其一，元代"着"字致使义使役句的用例增多，在《西厢记杂剧》中有22例，《倩女幽魂》中有3例。在"着"字致使义使役句的用例中，"所使"多是生命度高的人物名词，如下面例(36)(37)(38)中的"小生""百姓""他两口儿"，整个句子多是描述人物的身体或心理状况。

(36) 老夫人事已休，将恩变为仇，<u>着</u>小生半途喜变做忧。(《西厢记杂剧，四，二》)

(37) 若是扫荡妖氛<u>着</u>百姓欢，干戈息，大功完。(《西厢记杂剧，二，三》)

(38) 老夫石好问，为兄弟韩辅臣、杜蕊娘，在金线池上<u>着</u>他两口儿成合。(《杜蕊娘智赏金线池》第四折)

如前所述，唐宋时期"着"字致使义使役句的"所使"多是无生命的事物，而元代"着"字致使义使役句的"所使"多是生命度高的人物名词，出现这种差别的原因在于元代"着"的致使义是其使令义进一步虚化的结果，而唐宋时期"着"的致使义来源于其附着义。

其二，元代"着"字使令义使役句的"致事""所使"都是生命度高的人物名词，句子表达的是"使令者 N_1 令受使者 N_2 去完成某件事"，V_2 都是具体动作，自主动词，如例(39)(40)(41)的"去、问、寄"。

(39) 俺小姐送得人如此，又<u>着</u>我去动问，送药方儿去，越<u>着</u>他病沉了也。(《西厢记杂剧，三，四》)

(40) 老夫人<u>着</u>俺问长老：几时好与老相公做好事？看得停当回话。须索走一遭去来。(《西厢记杂剧，一，二》)

(41) 你娶了老婆便罢，又<u>着</u>我寄纸书来作什么？(《倩女幽魂》)

其三，元代"着"字使役句中的"致事"和"所使"存在缺省的情况。其中"致事"缺省或事件化("致事"在句子中变成了一个"致使事件"，这个"致使事件"导致了"所使"发生了某种状态的改变，如例(43)(44))的情况多出现在致使义使役句中。

(42) <u>着</u>妹妹目下恨难支，把哥哥闲传示。(《倩女幽魂，四》)

(43) 今日多情人一见了有情娘，<u>着</u>小生迷留没乱，心痒难挠。(《西厢记杂剧，一，四》)

(44) 似这般可喜娘的庞儿罕曾见，则<u>着</u>人眼花撩乱口难言，魂灵儿飞在半天。(《西厢记杂剧，一，一》)

使令义使役句和致使义使役句在"致事"上的这种差异是由使役结构中"致使力"传递方式决定的。我们知道，使令义使役句中的"致事"是致使力的发出者，"所使"不是"致使力"传递的终点，具有一定的自控性，所以这两者都是由生命度高的人物名词来充当。而致使义使役句中的"致事"可以单纯地表示致使原因，使役语义上有所弱化，故其可以缺省或事件化。

"着"字使役句中的"所使"缺省一般出现在表使令义的句子中，不过"所使"都能够通过上下文补充出来。值得一提的是，这类"着 V"句式在宋代就有用例，仅见于《朱子语类》，只不过在元代比较常见。

(45) 只是微子是商之元子，商亡在旦暮，必<u>着</u>去之以存宗祀。(《朱子语类》卷四八)

(46) 时举录云："到职事了办后，也<u>着</u>去学。"(《朱子语类》卷四九)

(47) 夫人使侍妾来问：几时好与老相公做好事？<u>着</u>看得停当了回话。(《西厢记杂剧，一，二》)

(48) 免帖上师傅尽<u>着</u>花押。(《原本老乞大》)

(49) 锅子上盖覆了，休<u>着</u>出气。(《原本老乞大》)

　　上面例句中的"所使"都能够通过上下文补充出来,句义没有发生改变,还是表达使役义。张赪(2014)考察了宋元使役句"役事"(即"所使")省略的情况,发现元代使役句出现了"句义偏离使役义、句义完全没有使役义"的情况,并认为元代兼语缺省而产生的语义变化是汉蒙语言接触的结果。不过,我们没有发现"着V"句式的这种句义偏离,上面例句的"所使"都能够补充出来,"着"在这类句子中还具有很强的使令义,多表现为命令语气,这为"着"固化为行政公文用语提供了语义基础。

2.2.3　明清

　　明代语料,笔者调查了《皇明诏令》(卷三)、《水浒传》、《西游记》和《金瓶梅词话》。《皇明诏令》(卷三)有21例、《水浒传》有124例、《西游记》有23例、《金瓶梅词话》(一般认为具有山东方言背景)有18例。这些"着"字使役句绝大部分都表达使令义,只有零星的致使义使役句用例(《水浒传》2例、《西游记》3例、《金瓶梅词话》1例),如:

　　(50) 关胜大喝:"……若不下马受降,<u>着</u>你粉骨碎身。"(《水浒传》六四回)

　　(51) 只是那魔头不知怎么就吩咐他这话,却是个谣言,<u>着</u>他这等胡念。(《西游记》七四回)

　　(52) 如此如此,<u>着</u>他师徒首尾不能相顾。(《西游记》七六回)

　　(53) 金莲道:"你<u>着</u>这老婆子这等张晴!"(《金瓶梅词话》五九回)

　　清代语料,笔者调查了《红楼梦》(前八十回)、《儒林外史》和《儿女英雄传》,"着"字使役句用例偏少(《红楼梦》〈前八十回〉有17例、《儒林外史》有6例、《儿女英雄传》有4例),都表达使令或派遣义,没有致使义使役句的用例,而且多用于政令下达或上级对下级的指示,形式有所固化,与同时期常用的"叫""让"等使役句式相比,用例偏少,说明"着"字使役句在清代逐渐式微。

3. 汉语致使词的产生机制

　　汉语致使词在古代汉语时期主要有"使、令",在近代汉语时期新产生了"教(叫)、让、与、给、遣、放、着、等、要"等,这些致使词有的保留在现代汉语普通话中,有的保留在现代汉语方言中。下面是近代汉语部分致使词的用例:

　　(54) 净能曰:"必被岳神取也。"欲<u>与</u>张令妻再活。(《敦煌变文集·叶净能诗》)

　　(55) 王程傥未复,莫<u>遣</u>鲤书稀。(唐·独孤及《送何员外使湖南》)

　　(56) 老雨不肯休,东风势还作。未<u>放</u>草蒙茸,已<u>遣</u>花萧索。(唐·李建勋《春阴》)

　　(57) 黑阁落甜话儿将人和,请将来<u>着</u>人不快活。(《西厢记杂剧,二,三》)

　　(58) 西门庆道:"你们不济,<u>等</u>我奉劝二娘。二娘好小量儿。"(《金瓶梅词话》第十四回)

　　(59) <u>要</u>人自看得分晓,也有说苍苍者,也有说主宰者,也有单训理时。(《朱子语类》卷一)

　　从来源上看,汉语致使词主要有如下四类:

　　一是来源于派遣义动词的进一步虚化,古代汉语时期有"使"和"令",近代汉语时期有"教(叫)""遣"和"着",如上面的例(55)和(57)。在汉语历史发展中,派遣义动词多次发展为致使词,这和它们能顺利地进入使令兼语结构中有密切关系。

　　二是来源于容让类动词,如"放""让""等",上面的例(59)和(58)。容让类动词对后面的宾语具有让渡性,容易演变为容让型使役句。

三是来源于给予义动词,如"与""给",上面的例(54)。给予义动词后面能接双宾语,其对间接宾语具有让渡性,这和容让类动词有相似之处。

四是来源于主观意欲义动词,如"要",上面的例(56)。

关于汉语致使词的产生机制,我们可以从以下几个方面来观察。

3.1 句法基础

汉语使役句的句法结构是"主语 + 使役动词 + 兼语 + VP"($N_1 + V_1 + N_2 + VP$),在汉语历史发展中,动词处在 V_1 的位置上是其进一步虚化为致使词的前提。不过汉语各类致使词进入"$N_1 + V_1 + N_2 + VP$"格式中的演变路径并不完全相同。如前所述,派遣义动词具有明确的方向性,能够促使 N_2 去完成某件事或达到某种状态,且多出现在 V_1 的位置上,所以在历史上多次发展为致使词。容让类动词一般经历了这样的一个演化链条:①$N_1 + V_{容让} + N_2$→②$N_1 + V_{致使词} + N_2 + VP$→③$N_1 + V_{被动义} + N_2 + VP$。我们知道,容让义动词后面一般都可以直接接宾语(如:我等他),其中在第②阶段容让义动词可以重新分析为致使词(参考汪化云〈2017〉)。给予义动词则经历了这样的演化链条:①$N_1 + V_{给予义} + N_{间接宾语} + N_{直接宾语}$→②$N_1 + V_{致使词} + N_2 + VP$→③$N_1 + V_{被动义} + N_2 + VP$。给予义动词可以接双宾语(①阶段),由于汉语没有词形变化,$N_{直接宾语}$ 可以由动词来代替,如:给我一本书→给我看,即变成了第②阶段,在这个阶段给予义动词可以重新分析为致使词,如:(1)县司与差人递送照应县去。(《入唐求法巡礼行记》)句中的"与"相当于"使"。综上所述,汉语动词必须在进入"$N_1 + V_1 + N_2 + VP$"结构之后,才能经历重新分析的过程,最后发展成致使词。

3.2 重新分析

句法位置的改变是诱发汉语词汇语法化的一个因素,而重新分析是虚化的结果。汉语动词位于结构"$N_1 + V_1 + N_2 + VP$"中 V_1 的位置上容易虚化的原因在于句式语义焦点的转移,而重新分析只是对语义焦点转移的一种确认。我们知道,汉语使役句的语义焦点在后半部分,即"致使结果"的实现。特别是在致使义使役句中,致使词几乎成了一个标记,如"这样的成绩令队员们很沮丧",句中的语义重点在"队员们很沮丧"上,而"令"变成了使役标记。

从致使情景的角度来看,使役句中的"起因事件"(即"$N_1 + V_1 + N_2$")容易背景化,而"结果事件"(即"$N_2 + VP$")自然成为了语义的焦点。下面例(60)(61)表达致使义,其中例(61)的起因事件"妾是仵茄之妇细辛,早仕于梁,就礼未及当归"成为了整个句子的背景信息。

(60) 善言要使亲情喜,甘旨何须父母催。(唐《敦煌变文集·故圆鉴大师二十四孝押座文》)

(61) 妾是仵茄之妇细辛,早仕于梁,就礼未及当归,使妾闲居独活。(唐《敦煌变文集·伍子胥变文》)

我们可以这样认为,句式"$N_1 + V_1 + N_2 + VP$"的语义焦点转移,导致了 V_1 进一步地虚化,在重新分析的推动下,最终演变为致使词。

3.3 语义要素的原型向非原型扩展

前面我们分析了使役句各语义要素的原型,在汉语使役句的历时发展过程中,这些语义要素都经历了从原型特征向非原型特征扩展的过程,整个句式所表达的意义也从使令义向致使义、容让义扩展。在类推的作用下，"致事"和"所使"从生命度高的人或团体向生命度低的事物扩展，致使词从能够进行能量传递的实义动词向使役标记扩展，"致事结果"由 N_2 的具体动作向状态扩展（即自主性向非自主性扩展）。

汉语实义动词虚化成致使词、并进一步向有意或无意允让、被动发展的动力是句式"$N_1 + V_1 + N_2 + VP$"中各组成成分的语义制约。我们知道，致事和所使的生命度高低决定了致使力在结构 $N_1 + V_1 + N_2 + V_2$ 的传递。高生命度的致事能充当致使力的起点，并对后面的语义成分有控制力，而低生命度或无生命事物的致事对后面的语义成分控制力较弱，句式多表达致使义，如：不肯与，接丝鞭，使孩儿泪涟涟。（《张协状元》）同样，高生命度的所使能够成为 V_2 的施事，而低生命度或无生命的所使只能成为 V_2 的当事，V_2 表现为非自主性，是对所使状态的描述。

使役句语义要素的原型向非原型扩展实际上是类推或泛化的结果，汉语致使词的产生、虚化和这种语义类推、泛化密切相关。

3.4　语用因素

近代汉语时期某些致使词的产生还和语用因素有关：

一是韵文中的使用，表致使义的使役句在《敦煌变文集》（说唱部分）和唐诗宋词中的用例很多。如：

（62）故人赠我我不违，着令山水含清晖。（唐·李白《酬殷明佐见赠五云裘歌》）

（63）何事阴阳工，不遣雨雪来。（唐·岑参《使交河郡》）

（64）令瓦砾以生光，遣枯林之花秀。（唐《敦煌变文集·维摩诘经讲经文》）

（65）使人天之敬汝，遣四众之羡君。（《敦煌变文集·维摩诘经讲经文》）

（66）不交意地迷三●（惑），岂遣心田染六尘。（《敦煌变文集·妙法莲华经讲经文》）

（67）渐遏遥天，不放行云散。（北宋·柳永《凤栖梧·帘下清歌帘外宴》）

上面例句最初都是一种临时的拟人用法，"清乐""阴阳工（指天地造化）""造物"等都可以想象成能发出指令的实体，对后面的事态发展具有具体的作用力，而"残阳"想象成能有一定自主性的实体。这种致使义使役句的用例在唐宋韵文中很常见，而且比例大大超过普通文献。

二是动词的使用频率提高。近代汉语时期新产生的致使词，如"遣""着"等就是由于使用频率的提高而逐渐虚化的。

上述语用因素虽然具有临时性，但是对汉语致使词的形成会有推动作用。

参考文献

刁晏斌.近代汉语句法论稿[M].大连:辽宁师范大学出版社,2001.

冯春田.近代汉语语法研究[M].济南:山东教育出版社,2000.

洪波,赵茗.汉语给予动词的使役化及使役动词的被动介词化,语法化与语法研究（二）[M].北京:商务印书馆,2005.

江蓝生.近代汉语探源[M].北京:商务印书馆,1999.

蒋绍愚.汉语词汇语法史论文续集[M].北京:商务印书馆,2012.

金小栋,吴福祥.官话方言放置义动词"搁"的语义演变[J].语言科学,2017,(4).

李炯英.致使结构的汉英对比研究[M].合肥:中国科学技术大学出版社,2012.

李佐丰.《左传》的使字句[J].语文研究,1989,(2).

马贝加.汉语动词语法化[M].北京:中华书局,2004.

牛顺心.汉语中致使范畴的结构类型研究——兼汉藏语中致使结构的比较研究[M].天津:南开大学出版社,2014.

沈家煊.语法研究的分析和综合[J].外语教学与研究,1999,(2).

田春来.近代汉语"着"字被动句[J].语言科学,2009,(5).

汪化云.黄孝方言中"等"的语法化[J].方言,2017,(2).

王树瑛.恩施方言的被动标记"着"[J].汉语学报,2017,(2).

王寅.语义理论与语言教学[M].上海:上海外语教育出版社,2001.

袁宾等.二十世纪的近代汉语研究[M].太原:书海出版社,2001.

张赪.宋代使役句的语义特征[J].语文研究,2013,(3).

张赪.近代汉语使役句役事缺省现象研究——兼谈语言接触对结构形式和语义的不同影响[J].中国语文,2014,(3).

张美兰.近代汉语使役动词及其相关的句法、语义结构[J].清华大学学报(人文社会科学版),2006,(2).

朱琳.汉语使役现象的类型学和历时认知研究[M].上海:学林出版社,2011.

Lakoff G. *Women*, *Fire and Dangerous Things*. Chicago:University of Chicago Press,1987.

Talmy L. *Toward a Cognitive Semantics*. Cambridge:MIT Press,2000.

江西石城屏山客家话同音字汇*

华南师范大学文学院　黄婷婷

内容提要　本文描写江西石城县屏山镇客家话音系，并根据语音和词汇调查列出同音字汇。

关键词　石城；屏山；客家话；音系；同音字汇

　　本文记录石城县屏山镇页背村瓦子陂小组的语音。石城县隶属江西省赣州市，位于江西东南部，赣闽交界处，介于东经 116°05′46″至 116°38′03″，北纬 25°57′47″至 26°36′13″之间，西毗宁都，南抵瑞金，北靠广昌，东邻宁化（福建），东南接长汀（福建）。石城自古以来是由江西进入闽西粤东的必经之地，素有"闽粤通衢"之称。全县总面积 1 581.53 平方公里，其中山地占 89%，耕地占 10%，水面占 3%，是典型的东南丘陵低山地区。早在新石器时期，石城境内就有人类活动。三国吴嘉禾五年（236 年），析雩都地置揭阳县，为石城建县之始，先后属庐陵郡、南康郡。晋太康五年（284 年），改名陂阳县。隋开皇十三年（593 年）设石城场，以境内"四面环山，耸峙如城"得名。南唐保大十一年（953 年），升石城场为石城县，并沿用至今。截至 2019 年，石城常住人口总数为 33.46 万人。石城现辖 11 个乡镇：琴江镇、高田镇、小松镇、屏山镇、横江镇、赣江源镇、丰山乡、木兰乡、大由乡、龙岗乡、珠坑乡，政府现驻琴江镇。本文考察的屏山镇位于石城县西南部，全镇辖 1 个居委会，12 个村，208 个村民小组，338 个自然村。镇政府驻地离县城 20 千米，方言点页背村瓦子陂小组距离县城约 25 千米。①

　　石城是公认的纯客县。石城方言处于客赣交界地带、赣南客话与闽西客话的过渡地带，《中国语言地图集》（1987，2012）中，石城方言划归客家话宁龙片，东邻客家话汀州片（宁化、长汀），北邻赣语（广昌）。除与宁化交界的岩岭、小姑两村外，县内其余地区通话无障碍，各乡镇的口音大致随琴江河走向分为两大片，琴江镇以北为上游片，代表点：琴江镇、高田镇；琴江镇以南为下游片，代表点：龙岗乡、大由乡。②两片方言语音最明显的差别是：单字调调值不同，仅上游片保留鼻韵尾-m 和塞韵尾-p。屏山位于下游片中偏北位置，故屏山话兼具两片方言的特点，单字调调值更接近上游片口音，却未保留-m -p 韵尾。

　　学界已对石城县方言的语音进行过若干调查研究，涉的方言点有：①琴江镇，《石城县志》（1989）、刘纶鑫（1999）做了琴江镇方言的音系和方言字表的调查；②龙岗镇，曾毅平（1998）归纳了龙岗话的音系；③高田镇，吴可珍（2010）、温昌衍（2018）记录了高田方言的音系

---

　　*　本文主体部分完成于博士阶段，感谢潘秋平、项梦冰、沈瑞清等老师的批评指导，感谢爷爷的耐心发音。在修改、定稿期间得到华南师范大学青年教师科研培育基金（项目编号 21sk07）的资助，在此一并致谢！

　　①　本段内容除最后一句外，均引自石城县政府官网。

　　②　上游片、下游片当地称"上水、下水"。

和同音字汇;④屏山镇,傅思泉(2005)、陈艳林(2007)描写了屏山话的音系、辅音噪音起始时间(VOT)、某些过渡音征(tʰ)、语流音变等。目前屏山话的同音字汇还未发表。本文从声韵调(包括一级元音格局)、连读变调(包括重叠变调)等方面归纳屏山方言音系,并呈现同音字汇。方言合作人黄荣才 75 岁,农民,初中文化水平,本地土生土长,未曾长期离开本地,只会说屏山方言。

1. 声 韵 调

1.1 声母 20 个,包括零声母

p 八 兵 坡 办 斧　　pʰ 派 普 爬 病 肥　　m 麦 明 尾 蚊 掰　　f 飞 副 饭 灰 活
　　　　　　　　　　　　　　　　　　　　　　　　　　　　　v 王 云 问 安 县

t 多 东 刀 等 <u>知</u>　　tʰ 讨 天 甜 毒 <u>择</u>　　n 脑 年 热 软 月　　　　　　　　l 老 蓝 连 路 儿
ʦ 资 照 张 竹 正　　ʦʰ 刺 草 字 拆 茶　　　　　　　　　　　　　　s 丝 三 祠 山 船
ʨ 酒 接 井 藉 脐　　ʨʰ 清 千 全 自 <u>谢</u>　　　　　　　　　　　　　ɕ 想 细 徐 邪 嗅
k 高 跟 九 极 <u>合</u>　　kʰ 开 轻 共 权 菊　　ŋ 熬 艾 午 我 颜　　h 好 响 鞋 汗 雄
Ø 用 药 入 祆 鸭

说明:

① 零声母有两种读法,逢开口呼实际读为喉塞音 ʔ,逢齐齿呼读为带摩擦的 j。

② 尖音和团音在老派屏山话中分别读为 kʲ kʰʲ hʲ / ʨ ʨʰ ɕ 两套声母,而新派却不分尖团,都读 ʨ ʨʰ ɕ。如:

老派:九 kʲiəu³² ≠ 酒 ʨiəu³²,轻 kʰʲiaŋ⁵⁵² ≠ 清 ʨʰiaŋ⁵⁵²

　　　权 kʰʲiɛn³⁵ ≠ 全 ʨʰiɛn³⁵,掀 hʲiɛn⁵⁵² ≠ 仙 ɕiɛn⁵⁵²

新派:九 = 酒 ʨiəu³²　轻 = 清 ʨʰiaŋ⁵⁵²　权 = 全 ʨʰiɛn³⁵　仙 = 掀 ɕiɛn⁵⁵²

总体而言,屏山方言有 3 套塞音声母,2 套塞擦音声母,3 个鼻音声母,5 个擦音声母,1 个边音声母,以及 1 个零声母。

1.2 韵母 46 个,包括自成音节的[n̩]

ɿ 试 时 支 市 制　　　　i 戏 二 飞 米 厉　　　　u 苦 五 主 楚 漱
a 茶 牙 瓦 话 佳　　　　ia 写 夜 姐 爹 也
ɯ 猪 去 丝 师 <u>世</u>　　　ie 泥 鸡 岁 驴 女
o 歌 坐 过 做 错　　　　io 靴 瘸 茄 戳
ai 排 鞋 快 我 大　　　　iu 许 区 举 休 右　　　uai 开 该 台 <u>对</u> 税
ei 赔 回 水 累 悲　　　　　　　　　　　　　　　uei 鬼 伪 危 块 桂
au 宝 草 饱 少 泡　　　　iau 笑 桥 尧 料 跃
əu 豆 走 厚 收 牛　　　　iəu 油 流 修 雨 <u>取</u>
m̩ 哼无~买;不买　　　　　　ŋ̍ 无~要;不要
an 山 潘 饭 南 咸　　　　iɛn 年 棉 权 县 敛　　　uan 半 官 安 旱 甘

ən 根 春 沉 升 <u>灯</u>　　　　　　　　　　　　　　　uən 滚 棍 困 坤 荤

in 心 新 兵 <u>丁</u> 等　　　　　iɔn 软

aŋ 硬 争 横 省 范　　　　　iaŋ 病 星 兄 点 盐

ɔŋ 糖 床 王 双 讲　　　　　iɔŋ 响 姜 量 羊 网

oŋ 东 同 虫 风 窗　　　　　ioŋ 用 龙 容 从 荣

t 食

at 辣 八 罚 塔 鸭　　　　　iɛt 热 节 月 血 律　　　　uat 阔 话 剧 盒 <u>合</u>

ət 北 色 十 出 适　　　　　it 七 一 敌 积 急　　　　uət 骨 □欺骗

ak 麦 白 尺 法 <u>拉</u>　　　　iak 接 贴 锡 迹 鹊

ɔk 托 郭 壳 学 择　　　　　iɔk 药 约 弱 削 □呕吐

ok 谷 木 服 祝 朴　　　　　iok 绿 局 六 玉 虑

说明：

① iu 做韵腹和韵尾时都不到位，特别是 u，偏前偏低的程度高。

② a 在零韵尾前为央元音 A，在 i 韵尾前为舌位偏后的 æ，在零韵头后，-n -t 韵尾前为舌位偏前偏高的 A，在 -ŋ -k 韵尾前，及零韵头后、-u 韵尾前为舌位偏后偏高的 A，在 i-韵头后、-u 韵尾前为舌位偏前的 ɜ。

③ ɯ 舌位偏前偏低。

④ ə 在零韵头和-t 韵尾之间为偏前偏低的 ɘ，其余时候都为央元音 ə。

⑤ 单韵母 m 只有"哼无"两个辖字，单韵母 n 只有一个辖字"无"。只有当后字声母为双唇音时，"无"一定要读为 m̩³⁵，其他时候都可以 m̩³⁵/n̩³⁵ 自由变换，且读 n̩³⁵ 较多。单韵母 t 也只有一个辖字"食"，食[st⁴]这个语音中没有一个浊音，也没有元音。

⑥ 除韵母 iɔn 外，所有的鼻音尾韵母都有对应的塞音尾韵母，-n 和-t 相配，-ŋ 和-k 相配，而 iɔn 只有 1 个辖字"软"。

总体而言，屏山话有 6 个单元音韵母，5 个辅音韵母，37 个复合韵母，其中没有撮口韵。辅音韵母包括鼻音韵尾 m n ŋ 和塞音韵尾 t k，其中 m n t 三个可以做单韵母。屏山话的六个一级元音 ɿ i u a ɯ o 多为高元音。我们用语音分析软件 praat（汉化版）分析一级元音的格局①，每个一级元音的 F1 F2 平均值见下表 1，这些数据经过归一化画出的元音格局图为下图 1，实验分析的结果跟耳听的结果大体一致。

表 1　一级元音的 F1、F2 平均值（单位：赫兹 Hz）

	[ɿ]	[i]	[u₊ʇ]	[A]	[ɯ₊ʇ]	[o]
F1	283	232	289	952	283	275
F2	1 790	2 309	1 120	1 661	1 326	854

① 操作程序为：每个一级元音 4 个字，每个字读一遍（录音使用的是软件 Audacity 和电脑外置麦克风），用 praat 汉化版从每个录音样本中提取 10 个点的元音第一、二共振峰（F1、F2）数据，即每个元音的 F1 和 F2 都分别提取 40 个共振峰数据。

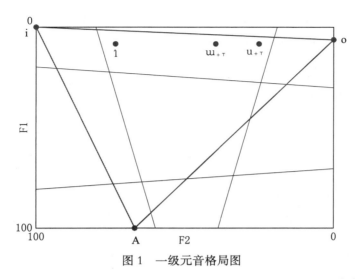

图 1　一级元音格局图

1.3　单字调 5 个

阴平[552] 高,初,三,近,有　　　　阳平[35] 房,才,神,人,移

阴上去[32] 九,草,四,汉,半　　　　阳上去[52] 健,汗,助,稻,社

入声[4] 食,滴,织,麦,药

说明:

① 阴平的起点略低于 5,前半部分的平调占据了一半时长,下降趋势也平。

② 阴上去的起点略低于 3,终点略低于 2。阳上去的终点也略低于 2,个别母语者读阳上去时有喉塞尾,阳上去做两字组前字时喉塞尾更明显。阴上去中古来源为清上、次浊上和清去、次浊去。全浊上、全浊去归入阳上去调。

③ 入声不分阴阳,有塞音促尾,实际调值为 53。

④ 除五个单字调外,屏山话还有一个特殊声调 55 调,只有一个字,即小称词的后缀 tɯ⁵⁵(老派)/ ɯ⁵⁵(新派①)。因无从猜测其本字,方便起见下文写作"子"。以"子"为后字的小称词中,前字(除入声外)一律加上喉塞色彩。各调举老派读法一例:窗子 tsʰoŋ⁵⁵²ʔ tɯ⁵⁵ 绳子 sən³⁵⁻³²ʔ tɯ⁵⁵ 饺子 kiau³²ʔ tɯ⁵⁵ 帽子 mau⁵²ʔ tɯ⁵⁵ 鸭子 at⁴ tɯ⁵⁵。

总体而言,屏山话的声调四舒一促,大部分为降调,阳平是唯一的升调,没有平调。舒声调中阳平最长,阳上去最短。

1.4　连读变调

屏山话两字组连调时区分述宾式和非述宾式,大部分非述宾结构组合都会变调,而大部分述宾结构组合都不变调。②连读变调格局大致如下表所示,表中有两种读法的是无规律可

---

① 新派的小称后缀 ɯ⁵⁵ 可以自由变换为"子"tsɿ³²,"子"在小称词中须变阳平调。

② 陈艳林(2007)认为屏山(新富)非述宾结构的变调是轻声变调,原文说:"合成词中的大部分词语由于语义强调或语义侧重的需要,重音往往落在第一个字上,后一字相对之下变读为轻声"。笔者调查屏山页背话两字组的后字仍有明显的调型和固定的调值,而且许多组合的后字调值都较高,详见下页连调表。

循。为更好地表示入声的变调,入声调在这部分及 1.5 小节都用本调 53 表示。

前字 ＼ 后字		阴平[552]	阳平[35]	阴上去[32]	阳上去[52]	入声[53]
阴平 [552]	非述宾	55 + 32/55 + 552	55 + 35	55 + 32/55 + 35	55 + 42①	55 + 42
	述宾	55 + 552		55 + 32	55 + 52	55 + 53
阳平 [35]	非述宾	32 + 552	32 + 55/32 + 54	不变/32 + 552	32 + 54	32 + 54
	述宾		不变	不变	不变	不变
阴上去 [32]	非述宾	32 + 32/不变	不变	不变/32 + 35	32 + 53	32 + 32
	述宾	不变		不变	不变/32 + 53	不变
阳上去 [52]	非述宾	52 + 32	不变	不变	52 + 53	52 + 32
	述宾	不变		不变	不变	不变
入声 [53]	非述宾	53 + 32	不变	不变/53 + 35	53 + 32	53 + 32/不变
	述宾	不变		不变	不变	不变

（1）前字为阴平的变调举例（原调 A 与变调 B 的关系用 A-B 表示,为节省空间,阴平、阳平、阴上去、阳上去、入声分别用 1 2 3 6 7 表示）

1+1:鸡公 kie$^{552\text{-}55}$ koŋ$^{552\text{-}32}$　　鸡冠 kie$^{552\text{-}55}$ kuan^{552}　　　吹风 tsʰei$^{552\text{-}55}$ foŋ^{552}　　关灯 kan$^{552\text{-}55}$ tən^{552}

1+2:今年 kin$^{552\text{-}55}$ nien^{35}　　鸡婆 kie$^{552\text{-}55}$ pʰo^{35}　　　吹牛 tsʰei$^{552\text{-}55}$ ŋəu^{35}　　端茶 tuan$^{552\text{-}55}$ tsʰa^{35}

1+3:包菜 pau$^{552\text{-}55}$ tsʰuai^{32}　　野兽 ia$^{552\text{-}55}$ səu$^{32\text{-}35}$　　厕屎 ɯ$^{552\text{-}55}$ sɿ^{32}　　　烧水 sau$^{552\text{-}55}$ sei^{32}

1+6:衫袋 san$^{552\text{-}55}$ tʰuai$^{52\text{-}42}$　生蛋 和熟蛋相对 saŋ$^{552\text{-}55}$ tʰan$^{52\text{-}42}$　生蛋 鸡生蛋 saŋ$^{552\text{-}55}$ tʰan^{52}　修路 ɕiəu$^{552\text{-}55}$ lu^{52}

1+7:包粟 pau$^{552\text{-}55}$ ɕiok$^{53\text{-}42}$　后日 həu$^{552\text{-}55}$ nit$^{53\text{-}42}$　栽谷 tsai$^{552\text{-}55}$ kok^{53}　有毒 iəu$^{552\text{-}55}$ tʰok^{53}

（2）前字为阳平的变调举例:

2+1:雷公 lei$^{35\text{-}32}$ koŋ^{552}　　洋灰 水泥 ioŋ$^{35\text{-}32}$ fei^{552}　　调休 tʰiau$^{35\text{-}32}$ ɕiəu^{552}　　投标 tʰəu$^{35\text{-}32}$ piau^{552}

2+2:油条 iəu$^{35\text{-}32}$ tʰiau$^{35\text{-}55}$　馒头 man$^{35\text{-}32}$ tʰəu$^{35\text{-}54}$　爬墙 pʰa^{35} tɕʰioŋ^{35}　　留名 liəu^{35} miaŋ^{35}

2+3:年底 nien^{35} tie^{32}　　邮票 iəu$^{35\text{-}32}$ pʰiau$^{32\text{-}552}$　寻死 tɕʰin^{35} ɕi^{32}　　赔礼 pʰei^{35} li^{32}

2+6:蚕豆 tsʰan$^{35\text{-}32}$ tʰəu$^{52\text{-}54}$　桃树 tʰau$^{35\text{-}32}$ su$^{52\text{-}54}$　爬树 pʰa^{35} su^{52}　　行路 haŋ^{35} lu^{52}

2+7:头发 tʰəu$^{35\text{-}32}$ fat$^{53\text{-}54}$　陪客 陪客人的人 pʰei$^{35\text{-}32}$ kʰak$^{53\text{-}54}$　留学 liəu^{35} hɔk^{53}　停职 tʰin^{35} tsət^{53}

（3）前字为阴上去的变调举例（整个组合不变调的不举例,下同）:

3+1:菜刀 tsʰuai^{32} tau$^{552\text{-}32}$　老兄 lau^{32} fiaŋ^{552}　　洗汤 ɕie^{32} tʰoŋ^{552}　　泻肚 ɕia^{32} tʰu^{552}

3+3:雨盖 iəu^{32} kuai^{32}　　老虎 lau^{32} fu$^{32\text{-}35}$　　讲口 吵架 koŋ^{32} həu^{32}　做戏 tso^{32} hi^{32}

3+6:昼饭 tsəu^{32} fan$^{52\text{-}53}$　炒面 名词 tsʰau^{32} mien$^{52\text{-}53}$　炒面 动词短语 tsʰau^{32} mien^{32}　感冒 kuan^{32} mau$^{52\text{-}53}$

3+7:晓得 ɕiau^{32} tət$^{53\text{-}32}$　背脊 背部 pei^{32} tɕiak$^{53\text{-}32}$　过节 ko^{32} tɕiet^{53}　变质 pien^{32} tsət^{53}

① 这里的 42 和阳上去本调 52 在听感上有差别,我们按严式记音用 42 调。

（4）前字为阳上去的变调举例：

6＋1：鼻公 pʰi⁵² koŋ⁵⁵²⁻³²　自家 tɕʰi⁵² ka⁵⁵²⁻³²　用心 ioŋ⁵² ɕin⁵⁵²　罢工 pʰa⁵² koŋ⁵⁵²

6＋6：夜饭_{晚饭} ia⁵² fan⁵²⁻²³　社会 sa⁵² fei⁵²⁻⁵³　认罪 nin⁵² tsʰei⁵²　话事 va⁵² suɯ⁵²

6＋7：二十 ni⁵² sət⁵³⁻³²　利息 li⁵² ɕit⁵³⁻³²　尽力 tɕʰin⁵² lit⁵³　念佛 nian⁵² fət⁵³

（5）前字为入声的变调举例：

7＋1：月光 niɛt⁵³ koŋ⁵⁵²⁻³²　辣椒 lat⁵³ tɕiau⁵⁵²⁻³²　杀猪 sat⁵³ tsuɯ⁵⁵²　结冰 kiɛt⁵³ pin⁵⁵²

7＋3：月饼 niɛt⁵³ piaŋ³²　百把_{将近一百} pak⁵³ pa³²⁻³⁵　落雨 lɔk⁵³ iəu³²　咳嗽 kʰət⁵³ səu³²

7＋6：木匠 mok⁵³ ɕioŋ⁵²⁻³²　鸭蛋 at⁵³ tʰan⁵²⁻³²　出汗 tsʰət⁵³ huan⁵²　落难 lɔk⁵³ nan⁵²

7＋7：八十 pat⁵³ sət⁵³⁻³²　一百 it⁵³ pak⁵³　落雪 lɔk⁵³ ɕiɛt⁵³　出国 tsʰət⁵³ kət⁵³

屏山话连读变调产生了几个新调值，即 55 42 54 42 54 32，除第一个变调之外，其余都是阳上去调和入声调在非述宾结构中做后字时产生的，听感轻而短。

1.5　重叠变调

屏山话重叠也会引起变调，有构词重叠和构形重叠两种类型。构形重叠是词的重叠，例如量词的重叠，连调规则同于两字组非述宾式。构词重叠是语素重叠成词，例如称谓词和人名叠字，连调规则分声调而定。阳平调重叠，依照两字组非述宾式连调规则变调；其余声调重叠，后字均变阳平调。下列组合中量词、称谓词、人名的重叠各举一例：

阴平＋阴平：工工_{天天} koŋ⁵⁵² koŋ⁵⁵²⁻³²　∣　哥哥 ko⁵⁵² ko⁵⁵²⁻³⁵　姗姗 san⁵⁵² san⁵⁵²⁻³⁵

阳平＋阳平：行行 hoŋ³⁵⁻³² hoŋ³⁵⁻⁵⁵　∣　婆婆_{对老妇女的称呼} pʰo³⁵⁻³² pʰo³⁵⁻⁵⁵　莹莹 in³⁵⁻³² in³⁵⁻⁵⁵

阴上去＋阴上去：次次 tsʰuɯ³² tsʰuɯ³²　∣　姊姊 tɕi³² tɕi³²⁻³⁵　敏敏 min³² min³²⁻³⁵

阳上去＋阳上去：件件 kʰiɛn⁵² kʰiɛn⁵²⁻⁵³　∣　（无称谓词）健健 kʰiɛn⁵² kʰiɛn⁵²⁻³⁵

入声＋入声：只只 tsak⁵³ tsak⁵³⁻⁵⁴　∣　叔叔 sok⁵³ sok⁵³⁻³⁵　乐乐 lɔk⁵³ lɔk⁵³⁻³⁵

2. 同 音 字 汇

同音字汇以韵母为纲，然后再按声母、声调排列。韵母、声母、声调的次序请参看前文的音系。收字以《方言调查字表》和《汉语方言词语调查条目表》（社科院语言研究所方言研究室资料室，2003）为基础，加以必要的增删，以及日常随听随记，包括本字不明的字都一并收录，以期后续研究。为了减少注释量，保留了少量的繁体字，例如"里"和"裏"、"發"和"髮"等。

1

ts　[552]痴~呆知蜘支枝肢姿咨兹滋之芝囗_{女阴}[35]迟[32]脂制製智纸致旨指至置止趾址志誌痣翅耻侈囗_{~今，现在}[52]囗_{把湿衣服衣服悬挂起来，人抓着高物悬空吊着}

tsʰ　[35]驰持[52]痔治

s　[552]施尸诗斯_{~大林}囗_{~li552，谁}[35]匙锁~时[32]势世_{~界}敪屎试_{~卷，~一下}肆[52]誓_{祝誓，发誓}始逝氏示视伺似市试_{考~}

i

p　[552]碑婢彼陂斜坡，或河流形成斜坡的地方，瓦子～;地名[32]箅有空隙而能起间隔作用的片状器具鄙比痹滗将渣滓或固体物挡住以倒出液体来闭痹热～;痹子[52]□～～pa52 pa52;到处泥泞不堪

ph　[552]被被子[35]皮疲脾琵枇□计算毛巾、门的量词□把汤表面的油刮掉[32]譬屁庇[52]帗毙备鼻鼻子，鼻涕弊篦动词，用篦子梳理（头发）□khiau52～;偶然;其中的缘由

m　[552]眯[35]迷眉楣媚[32]米美～国

f　[552]妃飞挥辉徽非诽痱～子粉[35]□很尖的声音[32]废匪费

v　[552]威[35]微为～人为～人办事维惟唯围违遗～嘱[32]萎委慰苇伟纬喂～饭[52]卫位未味畏胃谓猬

t　[552]知～天;(小孩子)懂事;听无～;听不清[35]□这里[32]帝～国主义~～骂/打;挨骂/打

th　[35]梯题堤[32]体～育[52]第递嚏地坟墓帝皇～隶奴隶□lian35～;干净;～事;故意□次(日/月/年)，本字或为"递"

n　[552]你[35]宜仪尼呢～子大衣疑凝沂[32]耳拟[52]艺义议二贰□tin552/kan552～;这样/那样

l　[552]里衡量距离的单位裹～向;里面鲤[35]狸黎璃離～别离距□梨厘哩形容词词缀，红红～;红红的□lat4 倒～;倒立，根据连读变调规则，也可能是读li32(后文中凡"也可能是读XX"之言均为此类推测，不再细说)[32]礼李理痢癞～头上长的疮[52]例厉励丽荔利泪另～外(不读鼻尾韵，或为"另外"一词中的异化音变)

tɕ　[552]挤拥挤;用手指按住稽[35]脐肚～眼;□面～;脸□man32(man32)～～;知了[32]济姊醉祭际剂嘴犁～;犁铧□鸡睡的窝

tɕh　[552]凄妻□在,～家,～做事[35]齐～天大圣荠马～;荸荠糍麻～一种糯米粉做成的糕点脐～橙□跟随某人一起[32]□用火烧身体的部位以治病[52]自～家;自己

ɕ　[552]西撕[35]□～～狋狋;形容女人爱和男人玩闹，贬义[32]死四

k　[552]基饥肌几～乎;几～茶～机讥叽～～咕咕;小声议论饑箕[35]□～～ku552 ku552;肚子发出声音，或嘟嘟囔囔[32]寄继髻己纪记杞枸～几数词既季□lu552～;蕨草，做柴火用

kh　[552]徛欺崎形容(山或梯子)坡度陡[35]奇骑歧鳍期其棋蜞马湖~;水蛭旗麒芪～菜;～叶扇;蒲扇□～笼;灯笼[32]启器弃岂气～功汽泣[52]技妓企柜木质老式家具，米～;金银～

h　[552]牺希稀熙嘻[32]戏喜气phan35～;生气起～鳔;长水泡或血泡□把凉的熟食蒸熟[52]系关～衅

Ø　[552]医衣植物表面的薄膜，莲～;莲子表面的白色外皮依[35]移夷姨[32]倚椅已以亿忆意[52]易容～易交～异矣□头～;最

u

p　[552]□蹲[35]脯心～前;胸脯□模拟放屁的声音[32]补布佈怖斧～头妇新～;儿媳

ph　[552]铺簿捕□液体因为沸腾而溢出□～秕雪;下鹅毛大雪[35]蒲瓠～子;西葫芦扶葡符追鬼画□;道士做法□计算一小堆的量词[32]甫辅谱普舖圃[52]部步

m　[552]母拇诬也可读为mu35□把握[35]模手～;手印巫诬[32]暮慕墓舞身体或手动起来，幅度较大

f　[552]呼～喊夫肤敷孵俘□～槛;门槛[35]菩呼称～胡鬍湖蝴糊打麻将将糊的牌狐壶乎符～合芙[32]虎府腑釜付驸富副斧～狗ka32;螳螂□摇动某人或某物□～尾;犁扶手[52]户沪护互赋傅父咐附负腐豆,～;败妇～女

v　[552]乌污[35]糊米～,～涂湖水～;水坑[32]抚武侮～辱舞跳舞□欺负人，本字或为"舞"[52]雾戊务

t　[552]都～市都～,～係;都是[35]□厚～～哩;厚厚的□拟音词,大风呼啸的声音[32]堵赌肚动物的胃～～皮;人的肚皮,取自农谚□使khɯ52～;赌气,使小性子□ʦuai32～～哩;嘟着嘴的样子

t^h 　[552]肚_{人的胃}[35]徒屠途涂图[32]土吐_呕~吐_{葡萄皮}兔[52]杜度~_{量衡度}~过渡镀

n 　[35]奴_{奴隶}[32]努[52]怒

l 　[552]卤_{□铁锈,本字或为"卤"}[35]卢炉芦鸬_{鸬鹚}庐[32]鲁橹露~_{水□吐出来口中之物}[52]路露_{寒~,白~}

ts 　[552]租诸诛蛛株朱珠[35]□_{~~tɯ55:凸起来的包}[32]祖组著阻拄驻註主蛀铸_{□骄傲地把物举在胸前}

ts^h 　[552]粗柱初[35]除厨橱[32]醋楚础处_{~暑:节气}处_{相~}[52]助住就

s 　[552]苏酥梳疏_{~远蔬书舒输}_{赢输运}~竖漱[35]殊[32]诉素所暑署数_{动词}数_{名词}[52]树

k 　[552]姑菇孤估鸪辜[35]□_{凸起(的)}[32]古牯股鼓故固锢雇顾_{□鱼鳍:鱼鳍□解~:翻绳的游戏,两人轮换翻}
　动手指头上的细绳,变出各种花样[52]~嘴:嘴里含水反复洗口□~泡:冒泡泡;~脓:流脓

k^h 　[552]枯□_{~饼:由茶树的茶籽榨油后剩下的渣料加碎稻草包裹压制成圆块状}□_{用手勒}[35]□_{喉咙里大声喘气的声音}[32]苦库
　裤[52]□_{~~哩:没有朝气,病恹恹的样子}

ŋ 　[35]吴吾梧娱[32]五伍午□_{~菜:空心菜}[52]误悟恶_{厌~}

a

p 　[552]巴芭疤笆[35]□_{屎~骨:屁股}[32]把_{把握,把守}把_{八十~岁:近八十岁}霸欄柄壩_{堤岸}坝_{平川,沙坝}爸耙_{箭~}
　[52]□_{□pi52 pi52~~:到处泥泞不堪}

p^h 　[552]葩[35]琶杷爬耙_{谷;归拢或散开谷物,柴草或平整土地用的一种农具}[32]怕帕[52]稗_{~草□}_{(房子)塌,(树)倒}□
　用力踩在水或泥里,无要~去水湖里;不要踩到水里去

m 　[552]马码_{把动词堆起来:起~蟆蛤}[35]麻_{~子:芝麻或雀斑}麻_{~癞手~,~风}[32]骂[52]□_{~个:密密麻麻的全都是}
　□_{kho35/khan35:刚好,恰好}

f 　[552]花_{花朵花}~销□_{lo35}~眼:踝子骨[35]华_{中~华}_{山华}华_姓桦划_{~船划~算,~得来:相处合得来}[32]化[52]画话
　通~劃笔~,计~

v 　[552]蛙娃_{娃娃}[52]话_说

t 　[32]打_{~人,量词}□_{目标标记,放~hoŋ52:放到桌上去}[52]牵_{面~~哩:表示脸鼓着气,生气的样子}

t^h 　[552]他_{其~}

n 　[552]哪拿[35]娜_{出现在本地女子名字中}挪

l 　[552]拉_{~链,~开}[32]□_{手指或脚趾缝,手~,脚~}

ts 　[552]箍_{金~棒}楂渣遮抓_{~把,犁把}□_{~tɯ55:杏}[35]者[32]诈榨炸_{爆~}蔗鹧眨煤_{油~}栅窄[52]□_{形容由于不}
　堪重负发出的声音

ts^h 　[552]权差_{~错,~价差}参_{~不齐}差_{质量:车交通工具车用缝纫机缝制}~线~tɯ55:线轴[35]茶搽查[32]岔扯_{~布:买}
　布;~乱谈:谈闲话,不谈正事汉_{~河:分了支流的河}□_{tshan552:相貌好,或着装得体,也可能是读tsha552}□_{~褂tɯ55:围嘴}[52]□_{明明塞不}
　下还要硬塞□_{~毛虫:一种毛虫}

s 　[552]奎_{~沙纱赊}□_{脊背}[35]蛇佘[32]捨_{~得舍}邻_{~:邻居}傻耍晒赦_{放~渠:放过他}萨赐[52]射麝舍_{旅~}
　社撒_{~尿(专指动物)}

k 　[552]家_{~乡,大~,~庭加嘉瓜佳枷牛~:牛轭斧狗~:螳螂,也可能是读ka32}[35]□_{远指代词,本字或为"嘅"}[32]假_{真~}
　假_{~期}架驾嫁稼价贾寡剐卦挂_{~清/纸:清明祭祖扫墓的仪式}[52]□_{泡~~哩:形容泡沫非常多}_{湖湖:到处泥泞不堪}

k^h 　[552]夸掐_{用手的虎口及手指紧紧握住扼住喉咙}□_{从喉咙里将某物用力提起来(有别于"咳"),如:~痰}[32]卡_{银行~卡关~}垮跨_~
　越□_{树枝}[52]□_{~天~地笑:发出声音地大笑}

ŋ 　[552]□_{表示嘴张开}[35]牙芽衙[32]瓦[52]□_{把脏物抹在某物上}

h 　[552]下_{~向:下面下}~乡哈[35]虾霞蝦~_蟆□_{对手哈气,然后用手去挠别人的腋窝}~_{坊~气:气管炎}[32]□_{~下来:从原本的}

位置上取下来，本字或为"卸"[52]夏姓，春~厦~门厦高楼大~下全部，~去：全都去

ø　[552]鸦阿~姨[35]□语气词，表示不相信或惊讶的语气[32]哑亚[52]□刚刚做某事就出现某一结果，食~出来就吐出来：一吃进去就吐出来了

ia

p^h　[552]□摸

m　[552]□摸[52]□~~哩：食物很烂的样子

v　[552]挖[35]□拟声词，哇哇大叫的声音一般说成"~天~地"[32]□用手抓；量词，表示一只手能握住的量

t　[552]爹[35]□~tɔk⁴：唠叨[52]□ti52 ti52~~：形容爱勾引男人的女人

t^h　[35]□提，捉

n　[552]惹[35]腻面食~到：吃面吃腻了[32]□~~动：身体器官活动灵活；某物涂抹在身上清凉的感觉[52]□ni52 ni52~~：形容举止太过亲密

l　[552]□~~奢奢：排列得不整齐[35]□~~~~：谎话连篇

ʨ　[552]□~~哩 vau32：大声地哭[32]借姐~~：伯母 □~~声：高而尖的声音

$ʨ^h$　[552]脬~婆：女阴烧用火烧□~郎：结婚时女方送嫁的亲戚[35]斜对人翻白眼；歪斜[32]且□事物倾斜[52]谢姓

ɕ　[552]奢手脚张开□~转来~转去：不干正经事，一会儿跑这儿，一会儿跑那儿[35]些有~人邪[32]写泻~肚：拉肚子□~天~地：某物涂抹在身上清凉的感觉[52]谢多~

k　[552]□手脚冰冷[35]□青~：一种青蛙[35]架摆~子[52]□将别人的东西占为己有

k^h　[552]□挠[35]□~liau52：蜘蛛[32]胯镢~tɯ55：锄头□脑盖~~晕：头晕□尾~tɯ55：老幺[52]跨

h　[552]□~人：故意吓人

ø　[552]丫~环野□请~：作揖，或写作"喏"[35]爷老爷椰耶~酥教：基督教[32]也雅[52]夜□唯独，只

ɯ

p　[52]□搅拌，倒弄（某事），捉弄人

m　[35]母 m32~：母亲的背称，也可能是读 mɯ32 [32]□傻，一般用于名词中，~佬：傻子（骂人或玩笑话都可以）

t　[552]□小称后缀，包~：包子[32]□用脚蹬[52]□胡乱地放置东西，不顾该不该放那里□形容人或物块头很大，贬义

n　[552]□去义，主语为第一人称或叫某人一起去，也读为 lɯ552，nɯ552 的读法更土[35]□语气词，无~：表示不同意[32]□脚踩[52]腻食物受潮后的状态；~人：食物很油腻让人吃了很腻的感觉

l　[552]□去义[35]儿而[32]尔耳木耳，耳子：木耳[52]乳□~~pɯ52 pɯ52：食物制作的过程不精细

ʦ　[552]资猪□~sən32：庄稼[32]煮紫子籽[52]渍油~~哩：某处很多油

$ʦ^h$　[552]疵产品质量差□~口烂水：（小孩子）流口水□食品因久煮而松软，面团等因水分过多而不成型[35]锄雌瓷慈磁□~斧子：锛子[32]此刺翅[52]箸，筷子自~觉字寺庙~：寺庙

s　[552]思梳 liau35~tɯ55：梳子疏斯~文私师狮司丝鹚舐舔□~茅草：一种能止血的草，开白花[35]饲~料辞词祠□反应迟钝，呆[32]世一~：一辈子史驶使鼠薯番~：红薯[52]嗣士仕柿事巳祀侍

k　[552]渠第三人称代词[32]锯[52]□肚里~紧：因为吃油腻了肚子里不舒服

k^h　[552]□~人：物体表面不平整，从而摩擦皮肤[35]□大声呵斥某人[32]□故意冷落，不管某人[52]□使~tɯ32：使性子

ŋ　[552]屙也可读为 ɯ552 □神情呆滞[35]鱼[52]□~人：用话语揶揄人

h　[552]墟赶~：赶集□~ŋɔ32：傻傻的□肿起来[32]去[52]□~天~地：说话斥责语气强烈

ø　[552]屙[35]□时体标记，相当于普通话的"了"□应答的声音[32]二

iɛ

p [552]□用于捶打的物品,捶衫~:洗衣的棒槌

pʰ [552]批~准批~评批量词披[32]□薄薄的片状,番薯~:红薯片

m [35]□~~ta⁵²ta⁵²;嗜睡,身上没力气的状态[52]□~~烂:食物因为煮得烂,口感非常软

f [32]肺

v [52]□lie⁵²~哩:形容衣服的领口开得大

t [552]低[35]□表示疑惑语气[32]底抵挡住[52]□溺爱某人

tʰ [552]弟[35]蹄啼[32]体~伶:体恤替剃

n [552]蚁□~li⁵²:服侍人的丫鬟[35]泥[32]女[52]□~人 VP:强迫人做不愿意做的事

l [552]□伸舌头;舔[35]犁驴篱[32]□乌~:黑鱼[52]□~vie⁵²哩:形容领口开得大□汗~~哩:大汗淋漓

tɕ [32]□luan⁵²:丝瓜,也可能是读 tɕie⁵⁵²[52]□扔;溅(出来)

tɕʰ [552]蛆□劈头盖脸地骂人□hat⁴:喷嚏[35]齐备齐来:把东西备齐

ɕ [552]□~头发:狠狠地抓头发[32]洗岁细形容人、事、物小,(腰)细,人、动物瘦[52]□~~哩:食物太软,没嚼劲

k [552]鸡繫~鞋带[35]□眼睛瞪起来[32]计计谋

kʰ [552]溪~lak⁴tu⁵⁵:小溪(比沟渠大,比河小)[32]契~字:田契。~男:对男性贬义或玩笑的称呼;情夫

ø [52]□溢

o

p [552]波菠玻坡[32]播簸[52]□水果摸上去特别软

pʰ [552]颇[35]婆[32]破[52]□哄婴儿入睡

m [552]摸馍端,宾语只能是"菜"、"盘子"之类[35]魔磨动词摩吆~喝(应是误读)[52]磨名词,石磨

f [35]和~面和~气和几个数字加起来的和[32]火伙货[52]祸霍藿

v [552]窝□~糟:脏蜗涡[35]禾□大喊[52]□重重地打

t [552]多[35]□~额:前额生得向前突[32]朵躲剁[52]□垂下来的样子

tʰ [552]拖舵[35]驼驮[32]妥椭[52]堕惰

n [35]挼两手搓:绳子。广韵戈韵奴禾切"两手相切摩也"[52]糯懦

l [552]囉[35]罗锣箩萝骡螺脶□~fa⁵⁵²眼;踝子骨□~li³²li³²li³²li³²:赶鸭子的叫法[32]裸[52]□用漏勺(网)捞

ts [32]左佐做[52]□水~~哩:某物内部水分多,能像海绵一样挤出来

tsʰ [552]坐[32]挫铧矬~~哩:形容人很矮,或事物很短措错差~,交~:欺骗□往前滑[52]座□隔水炖□归某人。书~你,笔~我:书归你,笔归我

s [552]蓑梭吃饭(戏谑用),~饭[35]唆劝说□安慰某人,本字或为"唆"□质量或能力很差□~声下就到ɯ³⁵:非常快就到达了[32]锁琐[52]□~天~地:吃东西时发出的咔擦声

k [552]歌哥锅戈[35]□用刀割脖子[32]过~去,~节果裹餜[52]□~天~地:咕咚咕咚喝水

kʰ [552]苛科棵蝌[35]□~ma⁵²:刚好[32]可坷课颗渴[52]□~~嗽:儿语的"咳嗽"

ŋ [35]娥蛾鹅俄讹蜈□刀不锋利□~tuai³²tu⁵⁵:手腕[32]□笨,傻□头抬起来的样子[52]饿

h [552]□~iaŋ³²:哈欠□征求对方肯定的语气词,相当于"对吧?"[35]荷~花荷~包:钱包荷薄~河何[32]□风~天~地:风呼啸的声音[52]贺

Ø　[552]阿~胶[32]□表示明白的语气词[52]□~~kuən32:模拟呕吐的声音

io

n　[32]□浪费(时间,金钱,资源)

l　[552]□到了一跤:滑了一跤[35]□~滑:(地板)很滑

tɕ　[552]□用尖头的东西(如手指,笔)刺某人或某物,或按按钮,本字或为"戳"[35]□~声下:拟音很尖的声音[32]□渗透,衫无~水归去:衣服没有渗水进去[52]□~thien552/声下:水(不多)因挤压而喷出来的声音

tɕh　[552]□抄近道[32]□~~乌:形容很黑,本字或为"黢"□形容视力很差,眼珠~个:眼睛看不清

ɕ　[35]□~声下:拟音放屁的声音[52]眼~~哩:形容眯着眼睛的样子

k　[552]□写字的时候把字写得扭曲,潦草

kh　[35]茄瘸只脚~tɯ55:瘸子

h　[552]靴[32]□故意把东西从高处全打翻到低处去　□~到一跤:滑了一跤

Ø　[35]□糊弄别人[32]□某处受伤,血涌出来;因恶心而口水直流

ai

p　[32]拜摆跛打~子:跛脚

ph　[552]□事物斜倒下去[35]牌簰竹~:竹筏排□~~haŋ52:山坡上,本字或为"排"[32]派[52]败失~,~家子

m　[552]买[35]埋[52]卖

f　[35]怀槐淮[52]坏

v　[552]歪[35]还~係:还是[32]□感叹词,~呀:表示叹息

t　[552]呆[35]□~lai35:量词,表示一长条的(田地)[32]戴带逮[52]□lai52 tai52哩:没有精神的样子

th　[552]拖~鞋。~正行来,无紧慢:走路拖拖拉拉,没有上进的样子[35]□老人过世后安放在灵堂[32]态太~监,~后太:过分泰[52]大形容鸡猪等动物肥硕:~细:小孩子大~黄(中药)

n　[32]乃奶牛奶□踩~no35~~:引猪的叫法[52]耐奈

l　[552]□子:旧社会大户人家的男仆[35]□~尿/屎:遗尿/屎□随意横卧(在床上等处)[32]□子:年轻男性[52]赖□~khai52哩:形容落魄或精神萎靡不振,邋邋遢遢,畏畏缩缩的样子□菢鸡婆:要孵蛋和正在孵蛋的母鸡,也可指毛羽不整齐的母鸡,甚至引申为头发蓬乱的女人

ts　[552]灾栽斋[32]载载重,载满~载年宰再债崽

tsh　[552]猜钗差出~搓用手掌根部发力来回揉弄某物,~皮子:和面(做饺子),~衫:搓洗衣服[35]裁用锯子锯木材,钢材;分割鱼肉[32]彩采睬蔡[52]寨在所~:地方

s　[552]筛~子筛~选筛~酒[35]柴□~人:人丑或事情不光彩□pak4:小孩子喜欢搞破坏[32]赛帅蛮~帅将~[52]□~水/酒:炒菜时加水,本字或为"洒"

k　[552]皆阶街乖[32]介界芥尬疥届戒解讲~解了~解分割,~石头:用切割机分割石头怪拐

kh　[552]揩荷用肩挑[32]楷会~计刣快快速,锋~筷蟹慨慷~[52]□lai52~li35:见上文lai52的词条

ŋ　[552]我[35]涯崖癌挨三月~~饿,四月有麦磨(农谚)[32]艾

h　[552]□将外套敞开穿[35]鞋还~无晓:还不知道[32]懈械机~解姓□做自己的事情,不用管别人。你~食,无要管渠:你吃你的,别管他[52]□持拿义,拿取义

Ø　[552]挨~夜边:傍晚[32]矮

iu

n [35]愚[32]语[52]遇寓

tɕʰ [32]取~票子:取钱娶[52]聚

ɕ [552]需须[35]徐储~藏[52]序叙

k [552]居车车马炮[32]举据矩剧□牌~:牌九,一种牌具

kʰ [552]趋区枢驱[35]渠水~瞿[52]巨拒距俱具惧

h [552]虚嘘休[32]许浒

Ø [552]淤[35]如於餘余儒盂榆逾愉愈柔[32]与[52]预誉豫又右祐禦喻

uai

v [552]□母亲的背称,也可以说成uai552,且uai552的说法更土

t [32]对量词,介词碓打米、麻糍的工具□(木头或板凳)两头失去平衡□:梦;做梦□ŋɔ35~tɯ55:手腕

tʰ [552]胎[35]臺苔丘~;青苔抬[32]腿[52]贷待怠代袋

ts [32]□嘴□~饭;盛饭

tsʰ [35]才材财豺裁~缝师傅□用刀斩,本字或为"裁"[32]菜[52]□计算一截的量词

s [552]腮鰓甩[32]税

k [552]该[32]改盖丐□用锄头挖,以收获(芋头,红薯等)

kʰ [552]开□楼~:楼梯(包括可移动和不可移动的)□喉~肚下:下巴后的那块肉[32]凯概溉

ŋ [35]桅~杆树;桅杆[32]外~公[52]碍外~向:外面,或性格外向

h [32]海[52]害亥

Ø [552]哀埃□母亲的背称[32]爱蔼

au

p [552]包胞苞□iaŋ35~肚;小腿肚子[35]□lau35 lau35~~:(包袋)鼓鼓的[32]保堡宝报豹饱爆(能容纳液体、气体、固体的容器)破了□~菜(水);给菜田浇水□~尾;肛门

pʰ [552]抛跑□白白的,无作用的泡名词,泡沫[35]浮漂浮在水上袍刨鉋[32]炮泡动词,泡在水里[52]瀑~布暴爆曝菢鸡婆~蛋;母鸡孵蛋鲍

m [552]毛[35]茅矛无~食饭;没吃饭□~楂tɯ55;山楂[32]卯[52]冒帽貌藐~视

v [32]□哭,本字或为"号"

t [552]刀叨[32]祷岛捣到倒~数倒~车耳~;耳朵,也可能是读tau35[52]□~天~地;不停地吃

tʰ [552]涛滔讨~厌[35]桃逃淘陶掏萄[32]讨□~饭;要饭套导~火线[52]道稻盗导领~

n [35]挠□锚[32]脑恼[52]闹□动词,使中毒

l [552]老~远;大老远□~piaŋ552;作物播种前进行的一系列土壤耕作措施的总称□~~tɯ55;舌苔□畚;畚箕,也可能是读lau32[35]牢唠劳痨涝捞□用手和前臂拉别人,本字或为"捞"[32]老姥[52]□用棍子狠狠地打□玩耍

ts [552]遭糟昭招朝~辰;早上找[35]□额;额头[32]早枣澡藻躁灶燥罩爪照畠跳~召也可读为sau52

tsʰ [552]操抄钞超皂□~天;说谎[35]曹槽嘈潮朝动词[32]草炒吵糙[52]造赵兆肇□fei552~;玩

s [552]骚牛羊身上的异味,尿液的异味稍梢~瓜;一种菜瓜烧□~牯;没有阉过的公牛□一阵(雨)[35]嫂韶[32]扫少多少少~年[52]绍邵召也会读为tsau32□游手好闲到处乱逛

k　[552]高膏篙竹~;竹竿羔糕交郊胶教单音动词□沙螺~;蛤蜊,蚌~;蚌[35]□~单车;蹬自行车[32]告绞狡稿搞搅窖较教~学

kʰ　[552]靠蒿□一种烹调青菜的方法[35]□~~哩食;吃酥酥脆脆的食品而发出声音,含贬义[32]考烤拷铐犒壾

ŋ　[552]咬(动物)咬人或其他动物□~人;伤口遇水或药会痛[35]熬□歪[52]傲□用力拧(螺丝等)

h　[552]酵[35]豪壕毫嚎[32]好[52]耗浩号孝效校学校

ø　[552]祆凹坳~lau552 hoŋ52;山坳里[35]□模拟猫叫以吓唬小孩子[32]奥澳拗用两手往下掰某物

iau

p　[552]膘镖标錶彪□跳,本字或为猋。平声宵韵甫遥切。《说文·犬部》:犬走皃,音合义有引申(杨加玉等,2016)[32]表裱婊□分发

pʰ　[552]飘[35]瓢嫖[32]漂~亮漂~白票鳔起的水泡或血泡

m　[552]喵[35]苗描喵喵单音动词,偷窥别人[32]猫动物渺秒[52]庙妙

t　[552]刁叼貂雕鸟[35]□踮起脚尖[32]鸟交合钓吊调~查悼

tʰ　[552]迢~~远;很远[35]条调~整[32]跳祟卖米[52]调音~调换□~脑;(人)摇头□~tɯ55;茶壶

n　[552]□动词,写字潦草,与"kio552"同义[35]尧饶绕[52]尿

l　[552]□用长物去够某物kʰia35~;蜘蛛[35]燎镣瞭嘹寮草房疗聊辽[32]了~解[52]料廖□~线;缠线

tɕ　[552]椒骹排~骨;肋骨焦蕉[32]剿醮打~;道士作法

tɕʰ　[552]锹缲~边;做衣服的一种手法□~是非;挑拨是非[35]瞧樵[32]悄悄□把手放在兜里[52]噍嚼

ɕ　[552]消宵霄硝销逍嚣萧箫[35]潲[32]笑小□~星;启明星,或为"晓"的文读,"晓"老派读法hiau32[52]□liau52~;食物有分量

k　[552]骄娇浇[32]矫缴侥饺□~被;叠被子

kʰ　[552]巧敲蕎~子;蕎头□~phj52;偶然;其中的缘由[35]乔侨桥荞□看到别人的东西也吵着要[32]巧窍蹻~腿;跷二郎腿翘[52]轿撬

h　[552]□~ɯ35;不好了[32]晓

ø　[552]妖邀腰要~求□饺子皮/饼皮等因水分多而变得松软[35]摇谣窑姚遥□~碗;容量大的汤碗[32]要索取要情态词扰[52]耀跃□把物拿在手里摇

ei

p　[552]杯悲□捉弄人□清明前~半田(民谚);清明前要播种[35]揹动词[32]背~脊;后背背~瓶贝

pʰ　[552]胚坯呸背背诵[35]培陪赔肥肉不精肥人粪[32]沛配佩[52]辈倍焙吠

m　[552]每尾母m552~;母亲的面称[35]梅枚媒煤玫莓霉胸□计量鱼的量词[32]妹[52]昧谜媚寐味

f　[552]恢灰□玩□~寮;老式旱厕[35]回茴肥肥胖[32]悔毁[52]贿汇~款会开~惠慧秽彗翡

v　[552]煨[35]喂接电话时[52]会能愿动词

t　[552]堆[32]对~错,~人好

tʰ　[552]推□~箱;抽屉[32]退蜕[52]队兑

n　[35]□~碎;碎碎的[32]□花~~tɯ55;花苞[52]内

l　[552]□~瓜;本地一种菜瓜,形似菜黄瓜,稍粗些□(圆形的物品)滚动[35]来雷擂单音动词,擂米茶[32]儡累~积蕊屡□簸箕形的指纹[52]累劳~类锐垒

ts　[552]追□催某人,本字或为"催"□手脚上的老茧[35]□~lei35~lei35;走路走不快的样子[32]最赘

tsʰ 　[552]吹崔[35]槌锤[32]脆翠粹碎[52]罪翠翡~

s 　[552]虽[35]髓随垂~直[32]岁~月水[52]遂隧穗瑞瑞金

k 　[32]个

h 　[552]□赶牛的声音[35]□语气词,表示惊讶[52]係系词

Ø 　[552]□语气词,表示应答[35]□语气词,表示反问

uei

k 　[552]闺规窥归龟轨[32]桂诡癸鬼贵

kʰ 　[552]盔亏瑰绘愧[35]魁逵葵[32]傀块溃殨块跪[52]柜现代的家具

ŋ 　[35]危[52]魏伪

əu

m 　[35]谋[32]某亩牡[52]茂贸

f 　[32]否

t 　[552]兜围~:口水巾蔸植物的根部,计量植物的量词□抬(如桌子)[35]□~~tak4 tak4:很傻[32]斗~笠斗度量单位抖陡鬥□将几个事物拼在一起

tʰ 　[552]偷[35]头投[32]透敨~气:呼吸[52]豆逗痘□用在动词后面,表示动作的结果,相当于普通话的"掉"(该读法或许是"掉"[tʰiau52]的音变形式)□近前ŋan52~:非常近的地方

n 　[35]□揪住某人[32]□(人)凶□扣(扣子)

l 　[35]搂楼揉[32]篓[52]漏陋

ts 　[552]邹周舟州洲皱~眉头[35]□眉毛~~哩:皱眉毛的样子[32]昼走帚奏揍□计算一轴线的量词

tsʰ 　[552]抽□提裤子□用压水井汲水□往水酒里掺水[35]绸稠筹酬售[32]凑丑丑臭[52]宙咒轴

s 　[552]馊收□~鸟 tu55:掏鸟窝[35]愁仇[32]艘搜巢鸟子~:鸟窝嗽瘦兽手首守[52]受寿授

k 　[552]拘勾~引勾~当钩沟鸠[35]佝弯着背,动词[32]狗苟够构购韭救

kʰ 　[552]舅邱[32]扣寇口~:是心非[52]旧

ŋ 　[35]牛[32]藕偶配~偶~尔

h 　[552]厚後~日:后天丘计量田的量词[35]侯喉猴□渴望得到某物□~水:游泳[32]口瓶口、袋口等吼[52]後~生:年轻人后皇~候

Ø 　[552]欧鸥殴[32]呕怄熰用暗火慢慢焚烧干物

iəu

t 　[552]丢丢弃:投掷[32]□感叹词,表不可思议

n 　[552]妞[32]纽扭钮[52]拗用拇指和食指拧(某人)

l 　[552]溜~冰[35]流刘留榴硫琉馏[32]吕旅柳□动词,诱惑□量词,相当于"丛"[52]漏~斗

tɕ 　[552]揪打架[35]□~~韧:形容很硬[32]灸酒□头转过去[52]□用手将某物转动

tɕʰ 　[552]秋鞦鳅丘~苫:青苔[32]趣没~取~债:讨债□清~:液体通透,本字或为"秀",声母经同化而改变[52]袖

ɕ 　[552]鬏修羞[35]囚~服□无事到处闲逛[32]秀绣诱宿星~朽锈绪头~[52]□眼~~哩:眯着眼的样子

k 　[552]纠赳究[32]句九久

kʰ 　[552]□~狗:用叫声把狗引过来[35]求球

Ø　[552]酉优忧有幽鱿[35]悠邮由油游犹尤于~都:地名□~老公:嫁老公[32]雨宇禹羽友幼[52]芋柚釉

m

h　[52]哼语气词,表示不满意或不开心

Ø　[552]母~mei552:母亲的面称[35]无~食饭:不吃饭。除后字声母为双唇音时,"无"须读为m̩35,其余时候可自由变读为n̩35[32]母~muɯ35:母亲的背称□语气词,表示肯定

n

Ø　[35]无否定副词,~要:不要。也可读为m̩35

an

p　[552]班斑扳瘢颁[32]扮办板版

pʰ　[552]攀潘[32]绊盼襻~~tɯ55;旧式衣服上的扣子

m　[35]馒蛮程度副词,蛮顽固[52]慢蔓漫迈□~kuan32体垢□烧:烧麦□米~肉:粉蒸肉

f　[552]番反~个;方向反的[35]帆藩凡环烦繁矾还~原[32]泛反~对返贩[52]饭

v　[552]弯□草鱼[35]还~票子;还钱[32]挽动词,悬挂[52]万

t　[552]耽担承担担量词,表示挑着某些物品的重量丹单~独[32]胆旦诞□摔(跤)疸

tʰ　[552]贪淡滩摊瘫[35]潭谭谈痰檀坛弹~琴[32]探毯氮~肥坦~白炭叹[52]但弹子~蛋

n　[35]男南难题目蛮~[52]难灾~

l　[552]懒~挂tɯ55:口水巾[35]蓝篮兰拦栏[32]揽拥抱缆~tshan32:小孩子调皮[52]览滥烂舰□~水:口水,本字或为"灖"或"婪"

ts　[552]簪沾瞻[35]□鼻公~~哩:鼻子长得尖[32]赞绽栈攒站罚~佔霸~

tsʰ　[552]参~加参~差不齐餐形容饭的量词,一~饭忏[35]蚕惭馋蟾残缠蝉惨[32]灿铲产颤盏灯~杉~树,~柏:地名~lan32:小孩子调皮[52]赚站火车~

s　[552]珊山删疝~气痛[35]□甲鱼背上最外一圈的皮肉[32]陕闪散~步散分~伞[52]□租(牛犁田)

k　[552]艰间房间间量词间时~奸姦关监~考监~狱□那样[32]鉴减碱简柬间~课间~接惯拣~日子:选吉日□将盘子里的饭菜扒进其他碗里

kʰ　[552]刊□(液体)浅浅的[32]砍□背负,或手臂挽着

ŋ　[552]□收~~捕鱼[35]岩颜顽□~酒子:没有加水的米酒[32]眼[52]雁岸□近前~thau52;非常近的地方

h　[552]憨[35]鹹闲[52]陷限

Ø　[32]晏时间晚

iɛn

p　[552]鞭编边蝙[32]贬变扁匾鳊

pʰ　[552]篇偏[35]便~宜[32]骗片遍[52]辨辩便方~

m　[552]免[35]绵棉眠[32]勉缅面□~ka35:那里(中指)[52]麺

f　[552]翻[35]悬

v　[552]冤鸳渊[35]丸圆员缘园袁猿沿[32]远怨[52]院县

t　[552]颠癫[32]典□~taŋ552人：形容小孩子漂亮可爱；形容成年人容貌难看；形容所做之事丢人

tʰ　[552]天[35]田填舔[52]电殿奠

n　[552]□奶，乳房[35]言年元原源援[32]碾~tuɯ55：一种碾米的农具碾动词攆研□阮研□用拇指和另一指使劲捏[52]砚愿

l　[552]□搬[35]连联鲢怜莲[32]敛收~脸[52]练鍊炼楝恋□踩

tɕ　[552]煎[32]剪箭荐券□(水)沸腾；~piaŋ552：犁上竖在中间的木棍

tɕʰ　[552]纤迁千铅□舔(冰棒，筷子)[35]钱前全泉~粉：红薯制成的淀粉[32]浅[52]芡践贱饯

ɕ　[552]仙鲜新~鲜水清，粥稀癣轩先宣喧[35]旋动词[32]鲜朝~，~花线羡选□~勺；筣篱

k　[552]肩坚捐绢鹃□~皮：水果、蔬菜去皮[35]蜷[32]建茧见捲眷卷圈猪~□将液体倒出□漆~；蚌

kʰ　[552]牵圈圆~圈动词[35]乾虔拳权[32]劝犬遣桊杉鼻：牛鼻桊儿□栽~头；翻跟头□鞋~tuɯ55；鞋楦子[52]件键健倦□laŋ52：表同类事物的非穷尽性列举。青菜~kʰien52我都无欢喜；青菜什么的我都不喜欢

h　[552]掀[35]贤弦蟪河~：蚯蚓。《广韵》上声阮韵虚偃切；寒蟪。□河湖等水体的岸边，器皿如碗的边沿[32]显宪□~香；线香[52]献现苋

ø　[552]烟胭咽~喉[35]然燃延[32]演衍堰燕~子宴

uan

p　[552]般搬[32]半

pʰ　[552]伴拌[35]盘[32]判版[52]瓣

m　[552]满排行最小，~子：最小的儿子[35]瞒[32]满~分

f　[552]欢[35]完[52]缓唤焕

v　[552]安鞍[35]完[32]皖碗惋腕踠按案[52]换

t　[552]端[32]短碫~tuɯ55：台阶

tʰ　[552]断单音动词□量词，用来描述请客时坐了多少桌，一~人：一桌人(大概是 8—10 个人)[35]团[52]锻断~绝段缎塅大片的平地，常用于地名，如：黄泥~

n　[552]暖

l　[552]□用手指从上到下将某条状物上的东西(如果实)去除[35]弯銮[32]卵男阴[52]乱偄鸡~子：未下过蛋的小母鸡□~tɕie32；丝瓜

ts　[552]钻专砖[35]转单音动词[32]钻~石转量词，表次数战

tsʰ　[552]氽川穿[35]传单音动词[32]窜篡喘串展[52]篆传~记□~tuɯ55；(猪，牛等动物的)舌头

s　[552]酸闩拴动词栓名词□刺[35]船[32]算蒜

k　[552]甘柑泔米~水；淘米水肝干~燥竿观~察冠棺官□~niak4；黄历，本字或为"官"[32]干~部感橄秆杆计算笔的量词桿赶管馆贯灌罐□白~；白鳞鱼

kʰ　[552]宽[32]看款坎

h　[552]旱作~；天旱[35]函寒韩[32]汉撼[52]罕憾汗焊旱~烟翰□大声呵斥

ø　[552]庵鹌晏~前：当地地名[32]暗

ən

p　[552]奔冰凌~；冰崩[32]本笨凭背靠粪畚

pʰ　[552]喷动词烹[35]盆朋[32]□地下水~天~地：地下水喷个不停[52]□~屎公；屎壳郎

m　　[552]蚊闷[35]门盟[52]焖孟

f　　[552]昏婚分吩芬纷[35]魂馄焚坟弘宏□kak4~:仅仅,只[32]粉愤[52]混奋份本~

v　　[552]温瘟[35]文纹闻新~浑浑浊的灷煮(汤或鸡蛋等,快熟)[32]稳吻酝[52]问

t　　[552]墩登扽用手把线拉直灯蹲短时间的居住~tsuai32 㹴 tuɯ55：鲇鱼[32]敦顿吨□脚乱踢

tʰ　　[552]吞[35]豚臀后~：猪后半截身子的猪肉都称为"后臀"腾誊[32]□形容身体笔直,歇ɯ35~~哩：睡得直挺挺的,或为"挺"的白读音,"挺"一般读thin32[52]盾钝囤存放粮食的器具；囤积

n　　[552]□~~碗哩：半碗多一点的量[35]能宁~愿宁~都：地名[32]□用拇指和食指来回~搓(动)[52]嫩宁姓氏

l　　[552]冷[35]凌~冰：冰伦轮仍[52]论讨~□囤积~冻~梗条：冰柱

ts　　[552]砧针斟珍真尊遵曾增徵征蒸筝睁挣~扎贞侦僧罾鱼~甑饭~：木制蒸饭炊具趁□蜜蜂蜇人□差,九十~五分：差五分就九十[32]枕镇诊疹振震准準拯证症正反~政整~㙈圳(叫)沟渠

tsʰ　　[552]村椿春伸称~费称~重称~职逞□用手用力按~~tsha32：相貌不错或者装修体□用力撑开(眼皮)[35]沉陈尘臣存鹑曾层惩乘承丞醇澄~清事实呈程诚成成立城县城□~脚：妇女裹脚[32]衬寸蠢蹭秤□用手指搓去某物[52]阵赠□同伴,朋友

s　　[552]森参人~深身申孙升□tsɯ552~:农作物,也可能是读sən32[35]神辰朝~：早上唇纯塍田~~：田埂绳乘计量单车、轿子的量词成小寒大寒,nien32水~团(民谚)：小寒大寒的时节,水捏着都能结成冰团□计量佛像的量词□黄~龙子：黄鼠狼□换(打/骂)[32]省江西~省反~渗沈审婶损胜扇搧鳝[52]甚善膳肾慎顺剩瞬盛圣

k　　[552]跟根筋庚[35]□~~哩：驼背的样子[32]更~好哽饭吃嗜住了耿□用盖子盖住某物

kʰ　　[552]近□头撞在某处[35]□罩住某物□使液体澄清□~ma52：刚好[32]垦啃[52]□汤结成胶状固体,~冻

ŋ　　[35]银仁落番~：花生仁,桃~

h　　[552]□说话推三阻四[35]痕恒衡行~李：火旺□绳子紧□含嘴里[32]很肯[52]狠恨杳□~子：一会儿

ø　　[552]恩□用手盖住某物[32]应回答□再,你对渠~好都无用；你对他再好都没用

uən

k　　[552]□调~：汤匙,本字或为"羹"[32]滚动词滚形容词,事物是热的棍□AA~：形容声音的特质,警报vi35 vi35~：警报声一直尖叫

kʰ　　[552]昆崑坤荤[32]捆困睏

in

p　　[552]宾槟兵殡[32]丙秉并並

pʰ　　[552]拼苉~麻□掸去衣服上的灰尘□蚜虫[35]评苹瓶萍贫频凭文~,~借[32]品聘

m　　[35]民铭冥明用于人名中萌鸣闽[32]敏□思考[52]命~令

f　　[552]熏勋兄表~[35]□甩开某人的手[32]训驯□甩手

v　　[552]晕[35]匀云耘壬~天：瑞金地名[32]允永泳[52]润闰韵运

t　　[552]灯舞~:灯彩活动工人~叮□~ni52:这样[35]□~~子：一点点[32]等凳顶~职订~装~戥厘~秤□与事介词,送本书~你：送你一本书□被动标记

tʰ　　[552]汀[35]藤亭停婷廷庭蜓[32]□花闲工夫理会某人,无要~渠：不要理他艇挺[52]邓订~单,~货锭定□~调：小孩子调皮

n　　[552]忍[35]人宁安~[32]□~ka35：那里(类似于中指)[52]韧形容食物很有筋道认刃

l　　[552]领~条[35]林淋临邻鳞磷棱陵凌菱灵龄吟□喉~,喉咙[32]□肩膀~个：溜肩膀[52]令命~禀

tɕ　　[552]亲单音动词,表亲吻,苍蝇、蚊子之类的飞虫叮咬食物,很多飞虫飞聚在一起,也引申为许多人很吵闹地围在一起津晶精蛮~：擅长(做

某件事)[35]□耳鸣嗡嗡声[32]浸俊骏傫~你食:(东西)随你吃

tɕʰ [552]亲~人亲~家清形容水很清澈,稀饭很稀,或汤颜色通透靖[35]寻单音动词,寻找秦情□~niaŋ35;马上[32]倾~倒来:把物体倾斜地放寝[52]静

ɕ [552]心辛新薪欣薰猩馨[35]荀旬循巡寻两臂平伸两手伸直的长度,也可以表示两臂平伸两手伸直进行测量的动作,~下子有几~:量一下有几寻。《说文解字》有云:度,人之两臂为寻,八尺也。[32]信讯笋迅性~别[52]殉

k [552]今金襟巾斤均钧君军京鲸经[32]紧锦禁进晋仅谨劲境景警径敬紧表事情正在进行

kʰ [552]侵钦卿□~子;鸡肫□缩小[35]琴禽擒勤芹群裙菌细~[32]庆顷[52]尽蛮~:勤劳,耐心尽~头郡竞竟

h [552]兴~旺[35]形型刑[32]兴高~[52]幸

Ø [552]音阴荫因姻鹰莺鹦樱英婴缨[35]蝇淫迎盈莹营军营仁~义人人参,仆人壬寅[32]印饮引蚓隐应~该应答~颖瘾□~墟:赶集[52]任姓,~务孕

ioi

n [552]软

aŋ

p [552]扐拔(草、头发等)[35]□~~:硬,硬邦邦的[32]□(事物或皮肤)开裂,本字或为"迸"[52]□事物迸裂的声音

pʰ [552]□用力关,~门□~麻梗,麻秆[35]彭棚膨□砧~:砧板□一种米缸,口小身子大[32]秕事物是空心的,或计划落空[52]□用力蹋

m [552]猛长度很长□以较大的幅度跳进河里[35]虻□否定词,~係:不是□~床:旧时工匠打制有弹簧的床[32]蜢□~~哩:形容衣服太紧身了□雷公~:雨:下雷阵雨[52]□将某物从高处迅速放下,而不是慢慢地放下去

f [52]范犯幻患

v [552]□~档:床、凳的横档[35]横~竖横蛮横不讲理[52]□将手中的东西用力地摔出去/下去

t [552]□laŋ35~:小孩子调皮[35]□垂下来[52]□脑 laŋ52~哩:傲慢

tʰ [552]□脑~~哩:脑袋前伸的样子,也可以说成 tʰan552[32]□tʰin32~tʰin32~:走路一瘸一拐[52]□脚踏在某处

n [552]□~机:一种织布工具[35]□短[32]□大喊大叫[52]□妨碍,椅子蛮~人:椅子很妨碍人

l [552]□~下子:炒菜时随便过一下火,不炒熟□用刀□用刀割(草或柴)的时候手不抓(草或柴)[35]□~taŋ552:调皮[52]□一条竹篙~一船;谚语,说自己的事情把别人牵扯进来

ts [552]争正~月[32]斩正表示完成,无做~:没做完整~人;刁难别人□脚~:后脚跟,手~:胳膊肘儿[52]□床咯吱咯吱的声音,也可以说成 tsa52

tsʰ [552]□趴[35]橙成你 tsʰo52三~,我 tsʰo52七~:三成归你,七成归我~眼:刺眼[32]□船:撑船[52]郑□动词,吃不下了还要继续吃。~饱掉:吃得太饱了

s [552]生~大细:生孩子生学~牲头~:过年的时候用来祭祀的鸡甥[35]成做成城城里~:肉类放在热水里煮成半熟[32]省单音词,表示节省圣~公:从事鬼神活动的男性

k [552]耕~布:织布更五~清早:大清早梗~米羹糊状汤食尴□搅动[35]□肚里~~哩:吃多了,消化不良,义同"haŋ32 haŋ32 哩"[32]梗雪~条:冰冷的四肢茎□身体不小心碰到某物□~塍:河堤

kʰ [552]坑水~坑~害鲠吃东西呛住了,或卡到鱼刺[35]□大声骂人[52]□由于晃动发出的声音

ŋ [35]□大声的顶嘴[52]硬

h [552]亨坑珠~,~背:本地地名[35]行走路桁瓦~:檩[32]喊

Ø [552]罂~罐:罐子[35]□~~ku52 ku52:嘴里嘟嘟囔囔的[32]□动词,食物因密封或被重压而腐烂□身体被硌到了

iaŋ

p　[552]□酒饼(酿酒酵母)[32]柄饼偋躲藏,秘密地收藏

pʰ　[552]□一定范围的区域,一~liaŋ552,一片[35]平坪屏~山:本地地名[52]病

m　[552]□偋~:捉迷藏[35]名明清~[52]命单音词,命运

f　[552]兄

t　[552]丁姓:食物切成小四方形钉名词钉动词□用力地扔[35]□~~:哩;一丁点儿[32]点店顶屋~鼎□~tɯ55:老式瓜皮帽(旧时只有考上功名的人可戴)

tʰ　[552]添听用耳朵听声音,或鼻子闻气味厅[35]甜[52]垫淀

n　[552]染拈[35]黏粘贴,有粘性严宁~化:地名□tɕʰin35~:马上[32]□放养(牛/鸭)[52]验念

l　[552]岭领衣物的领子领领取[35]铃廉镰零帘灵蛮~:很灵□~tʰi52:干净[32]□故意让别人垂涎[52]殓□放任不顾,渠ti35系~死个:他是因为子女不管他而死掉的

tɕ　[552]奸尖晴精肉不肥,植物长得好□单音形容词,挤□过麻~~:出麻疹[35]□~~kuan32:形容声音很高很尖[52]井蘸渐

tɕʰ　[552]清~明签青□观察(带贬义,或调侃意味)~鸡~蛇:比喻人又害怕又惊奇的表情,或人做事三心二意[35]晴潜[32]请□~~气:食物中有带有某种不好闻的味道,比如青豆没煮熟所带的味道[52]净暂

ɕ　[552]星火~:火花腥[35]□kʰai32~:速度快[32]醒姓性tsʰoŋ32~:发脾气

k　[552]惊兼荆黄~:一种草药[32]检捡剑镜颈

kʰ　[552]谦轻[35]擎~雨盖:打伞钳□~菜:夹菜,本字或为"钳"[32]欠歉[52]俭□fu552~:门槛□动词,跨~一~:一只手的大拇指和食指各往相对的方向伸展时,两指之间的距离

h　[552]□~~:薄,很薄[35]嫌[32]险

ø　[552]淹阉腌□~菜,用芥菜做成的酸菜□被水泡得很软的状态□发~:做了让人不可思议的事□黄~:黄鱼□使容器里的液体晃动[35]盐阎檐赢萤□和,我~你:我和你□~pau552肚:小腿肚子□~铁:脾脏[32]厌影掩□生~:大脖子病□~ho552~:哈欠[52]艳焰□撒(网、肥料等)

ɔŋ

p　[552]帮邦□~皮:鏖刀布[32]榜谤绑傍绷~带:打~某人:凭借某人,托某人的福

pʰ　[552]□推[35]旁庞膀~胱[32]胖□~~pʰi35:用米做的膨化食品的总称[52]蚌□紧靠某物,本字或为"傍"

m　[35]氓芒~果忙茫盲[32]蟒往~先:以前□你~啊:随你怎么做,怎么想,不想管你(气话)[52]望看

f　[552]荒慌方芳坊□计量桥的量词[35]皇蝗凤凰蟥肪妨房防簧[32]谎恍做放纺仿访

v　[552]汪枉[35]黄姓氏,颜色亡忘王[32]往来~网上~[52]妄旺兴~

t　[552]当担任职务铛裆档横□,椅子樘儿□方向标记,行~前,往前走[35]□垂下来[32]荡脑震荡党挡当上~,~真档~案□生~:陌生□tien32~人:小孩漂亮可爱,所做之事丢人[52]□肥~~哩:肉很肥

tʰ　[552]汤拜~:拜堂[35]堂棠螳唐糖塘[32]趟□滑倒躺烫[52]荡~日子:混日子

n　[552]□猪肉~~tɯ55:猪肉中白白的,非肥非精,非猪膏的一种[35]瓤囊□~蜂:蜜蜂的统称

l　[552]□第二遍清洗[35]郎~中先生:医生(老派)廊狼螂榔□人称复数的词缀,我~、你~、渠~[32]朗[52]壤浪□~kʰien52:同类事物的非穷尽性列举

ts　[552]赃脏张庄装妆章樟桩[32]长涨~水,发洪水胀发胀,豆子泡~ɯ35:豆子泡后发胀了帐账仗打~:战争壮单音形容词,形容人胖掌撑支~:葬障~碍

tsʰ　[552]仓苍舱疮昌菖丈度量单位:姊~:姐夫□~牙:大牙[35]肠场床床铺,计量被子、席子的量词藏隐~□~间:时候[32]畅闯创~造厂敞唱倡□~日:昨天[52]脏心~丈大~夫仗~势欺人杖状撞藏~族障~碍用东西抵住某物的后面,~住

门来:把门用东西抵住□单音动词,表示剩下

s　[552]桑丧~礼霜商伤上动词,~班双[35]常尝裳嫦[32]偿爽赏上上药,安装[52]丧丧失上方位词,~向:上面尚徜

k　[552]冈刚纲钢岗缸光胱江豇肛扛两个人抬[35]□随意地打(乒乓球)□loŋ35 loŋ35~~:形容水或酒喝多了,或形容废话连篇[32]杠虹广讲敢港降~落钢把某物放在另一物上来回摩擦[52]□斜架(在某处)

kʰ　[552]康糠[35]狂逛[32]抗炕旷况矿慷螃降霜~:一节气□霉斑[52]□碰撞,也可以表示碰撞的声音

ŋ　[552]仰~到来:仰着[32]昂

h　[552]□~天~地:说话带斥责语气[35]行银~,排~航杭降投~[32]□~来:起来[52]项巷□等于普通话介词"上"

ioi

p　[552]□木板□计算一块菜畦的量词[32]□配着(饭或酒等)吃

m　[35]芒~秆扫:用茅草花做的扫把[32]网鱼~

n　[35]娘[32]仰瞻~□身体乱扭□~草:蘼草[52]让□鱼~只哩煎:鱼完整地煎(不要弄烂)

l　[552]两重量单位,同于普通话的"两"[35]良凉量衡~粮梁梁□~子:雄鸡的生殖器官□~圈脑:秃顶,~圈:一种布做的圈,缠在头顶的部分[32]两数词辆[52]亮谅掠量重~

tɕ　[552]将~军浆[32]蒋奖桨酱将~领

tɕʰ　[552]枪[35]墙□把物码起来[32]抢[52]像单音动词,与某人相似

ɕ　[552]相~打:打架箱厢湘镶[35]详祥翔[32]想相~片:照片像画~[52]相宰~象大~橡匠

k　[552]姜疆僵薑缰

kʰ　[552]腔筐眶框[35]强~大强勉~[32]□~~硬:硬梆梆的[52]犟

h　[552]香乡[32]享向响饷□~料:葱蒜、芹菜等做配料的总称,或指饺子馅

ø　[552]央秧殃鸯养~豆芽:种豆芽;~鱼:鱼买后先养在鱼池里痒[35]羊洋烊融化杨阳扬[32]酿养~分□~水~~哩:形容水分很足[52]恙样旺形容人很多,很热闹~当~:作物收获的季节□供~:上供

oŋ

p　[552]蹦[35]□落入水中的声音[32]棒金箍~□爆炸的声音[52]□撞击的声音,不大

pʰ　[552]蓬形容词,蓬松[35]篷蓬莲~[32]碰[52]缝缝隙

m　[552]蒙瞎猜,拿某物遮盖[35]萌蒙~古[32]□雾[52]梦□羡~:羡慕

f　[552]轰风枫疯丰封峰蜂锋葑~菜[35]红颜色,"四"的别称洪鸿虹冯逢缝裁~[32]哄烘讽[52]凤奉俸

v　[552]翁[35]嗡拟音词,嗡鸣声□~loŋ35头:窟窿

t　[552]东冬□用布或草盖住某物[35]□~~高,堆得很高的样子[32]董懂冻栋□山~:山顶~桥:拱桥□~米ɕiak4:糯米和粳米混合碾成的粉,以及由此做成的类似无馅汤圆的食品[52]□落入水中的声音,较大□~天~地:震动的声音

tʰ　[552]通动单音动词,活动[35]同铜桐峒童瞳[32]桶捅痛筒烟~:烟囱[52]洞动□小巷

n　[35]齈鼻:任由鼻涕挂着不擦农脓[32]□(从洞里、桌子底下等)钻出来

l　[552]聋拢倚~来:站拢一些笼~子[35]胧隆砻脱去稻谷外皮的农具,也有动作义,表示将稻谷脱皮的过程垄~里:地名□~钩:磨把□~毛笋:茭白[32]笼~络□~~tɯ55:非常狭窄的小巷

ts　[552]棕鬃宗综中~毒中~间忠衷终钟锺盅[32]总粽中~标种~子种~树肿众

tsʰ　[552]聪匆葱囱衝冲充重单音形容词,春宠窗□~相:拥有时不珍惜□~壶:铝制大茶壶状热水壶[35]虫崇重~叠

　　　[32]铳□_{方向朝上}□lok⁴:花;黄花菜 □~:性;发脾气□鼻公:气味刺鼻[52]仲重~视

s　[552]鬆□_{用拳头打人}[35]□_{长相丑陋}[32]送宋诵颂讼□鼻:擤鼻涕

k　[552]公蚣工功攻[35]□_{落入水中的声音,同于pon35}:随意洗一下拱_{事物中间部分拱起来}[32]贡汞巩

kʰ　[552]空_{单音节形容词}□_{倾倒液体}[32]孔控空填~恐:~龙_{用屁股拱,或屁股对着某个方向}~loŋ32:较大的缝隙[52]□_{摇动凳子或桌子}

h　[552]□_{打雷的声音}□_{呻吟的声音}[52]□_{突然倒地或掉落的声音}

ioŋ

n　[35]浓_{形容稀饭稠,或汤的味道厚重}

l　[552]□_{出拳打人}[35]龙

tɕ　[552]踪[32]纵扨_推

tɕʰ　[552]□~鱼:泥鳅[35]从丛松[32]□_{推,同"搜"}

k　[552]龚弓躬恭供~猪:养猪[32]供~你学书;供你读书;~应

kʰ　[35]穷[32]恐~怕[52]共□_{老人~槌:老人拄拐杖}

h　[552]胸匈凶汹兇[35]熊雄□_{大声地骂人}[32]嗅①

∅　[552]壅~肥:为植物培土或施肥[35]荣绒融茸容蓉镕榕溶熔营~养[32]勇涌恿踊蛹臃拥庸[52]用

t

s　[4]食_{吃义,~饭,~汤,~酒,~烟}

at

p　[4]八钵~头:陶制的很大的碗,主要来搭配木棍搅碎食物

pʰ　[4]□~风:扇风

m　[4]袜末_{胡椒~}

f　[4]乏髮發伐筏罚阀

v　[4]滑猾挖_{挖得比较深}

t　[4]答_{回~答;~应}搭遢沓_{量词}□_{走路时将脏物溅到身上}□_{用竹篾编成的板状器具,大的晒谷子(谷~),小的蒸肉丸(料~)}

tʰ　[4]踏塔榻塌达□_{给食物撒调味料}

n　[4]捺~得到:承受得住□_{用少量的油煎}

l　[4]癞腊蜡邋辣垃□~纸:塑料~倒li35:倒立

ts　[4]剳_{用针刺,~头发,结~扎挣~闸铡摺存~褶起~tɯ55:脸上长皱纹了}折~纸□_{昌(汤)}

tsʰ　[4]杂插獭擦察叉_{用叉子叉,动词}□黄~:蟑螂~ŋak⁴:勤奋肯吃苦

s　[4]杀圾摄涉

k　[4]刮夹~心精:肉质很精的一种猪肉袂~子:毛线做的背心胛肩~:肩膀□~~哩话:说了一遍又一遍

kʰ　[4]掐_{用指甲掐皮肉,或截断植物的根茎}□推箱~稳:抽屉被卡住了□指~:(手或脚的)指甲□~人:鞋太小而挤脚

ŋ　[4]□_{咬,本字或为"啮"}□~tsʰat⁴:勤奋肯吃苦□~鹅:大雁

---

　　① "龚弓躬恭恐~怕供"新派读法中介音i消失。"供~猪|供~你学书;供你读书"新派读法声母读为tɕ,"穷"新派读为tɕʰ,"胸匈凶汹兇熊雄□_{大声地骂人}嗅"新派读为ɕ。

h 　[4]狭瞎辖□~tɕʰie552；喷嚏

ø 　[4]鸭押压

iet

p 　[4]屎女阴，用于詈语别分~

ph 　[4]鳖别~人别小~：本地地名撇笔画撇~清关系

m 　[4]灭蔑篾□用两只手往下去将某物（小物件）掰开

f 　[4]血

v 　[4]悦阅越挖挖得比较浅

t 　[4]跌掉落，坠落；丢失

tʰ 　[4]铁

n 　[4]热镊月

l 　[4]列烈裂劣栗律率效~□~tɯ55；瘊子

tɕ 　[4]节疖截量词

tɕʰ 　[4]切~分切亲~砌沏窃绝截阻~

ɕ 　[4]薛泄屑穴雪□~薯：山药，本字或为"雪"

k 　[4]结~婚洁决诀诘发~：生气□~墙：砌墙

kʰ 　[4]揭杰缺掘倔□量词，表示一小块，本字或为"缺"

h 　[4]歇睡觉①

ø 　[4]乙拽拉，拖□鱼~：鱼鳃

uat

p 　[4]拨

pʰ 　[4]泼拔~河钹—种乐器泊湖~泊停~

m 　[4]抹单音动词，或用于名词，~布末期~沫

f 　[4]活□欺骗某人

t 　[4]夺

tʰ 　[4]脱

l 　[4]捋捋起袖子□啃（骨头）□爬（树，竿子等物）□把锅里的汤或水全部捞起来，以使一滴不剩

ts 　[4]□计算一撮头发的量词□粘住，堵住

tsʰ 　[4]撮~斗：撮箕（盛粮食，垃圾）□大口喝□用言语骗人

s 　[4]刷说□绺（头发）

k 　[4]鸽括合~伙割切（菜）；切割，阉割动物

kʰ 　[4]阔宽

h 　[4]鹤盒合~hoŋ32来：合起来□因密封太久导致变质

ø 　[4]□将零散的东西弄到一起，以便更好地拾起来

---

① 　大部分韵母为 iet，声母为 k kʰ 的字的新派读法声母读为 tɕ，只有"缺"和"□量词，表示一小块"的新派声母读为 tɕʰ。"歇"［hiet⁴］的新派声母读为 ɕ。这些与各自的普通话读法是对应的。

ət

p　　［4］北萄_萝~百_{用于人名；～子桶：马桶的雅称，旧时新娘的嫁妆之一}柏□_{捉弄人}

pʰ　　［4］迫魄勃白_{～露：一节气}

m　　［4］没_{～收}墨默脉□_{抿（嘴），不张开}□_{故意愚弄某人}

f　　［4］佛获或惑忽

v　　［4］物□_{用手用力地打人，～渠一巴掌：打他一巴掌}

t　　［4］得德□_{相当于普通话的"捣（药）"的动作}

tʰ　　［4］特突秃

n　　［4］□_{捏别人以开玩笑，通常是只捏起一小块肉}

l　　［4］肋□_{趁别人不注意小偷小摸}□_{掉（出来或下来）}□_{刺，名词}

ts　　［4］质帙执汁哲折_{～扣}浙斥卒则织职责侧_{～向：侧面}测□_{量词，指五指抓起来的量}□_{塞，堵}□_{塘~：鲇鱼}

tsʰ　　［4］直值泽择秩彻撤侄出贼殖植策拭蛰_{惊~}

s　　［4］术述湿十拾舌设虱实失室塞_{～归去；塞进去}率蟀色识式饰适释蚀_{腐～}

k　　［4］国革阁

kʰ　　［4］咳刻_{很短的时间}刻_{动词}克

h　　［4］黑核

Ø　　［4］□_{抽～：因食物在喉咙里堵塞而发出声音}□_{打饱～：打饱嗝}

it

p　　［4］泌憋_{～尿}笔臂毕必逼碧□_{将液体密封以发酵，～烧酒：酿制本地烧酒}

pʰ　　［4］匹避僻闢霹

m　　［4］秘密蜜□_{小啜一口}

f　　［4］□_{（随意地或故意地）扔}

v　　［4］疫役域□_{柴/草/秆～tɯ⁵⁵：用木柴，草或稻秆捆成小捆的柴火}

t　　［4］的_{目～的}的_{～士}滴嫡

tʰ　　［4］踢剔惕敌

n　　［4］日溺逆入_{～殓}蹊_{～着脚，崴了脚，～着腰：闪了腰}□_{～被：套被套}

l　　［4］立笠_{麦~；草帽}粒力历

tɕ　　［4］鲫即积绩汲_{吮吸}□_{小孩子因为嘴馋，在嘴里长小包}□_{打～筒：拔火罐}

tɕʰ　　［4］七漆膝戚缉集辑籍疾寂_{孤~～：很孤单}

ɕ　　［4］夕息熄媳习袭悉昔惜席_{酒～锡用于人名}析婿□_{～孙：重孙}□_{嫩：很嫩}□_{收拾，整理，挑选}

k　　［4］急级吉击激橘桔给_{供～}□_{水～tɯ⁵⁵：一种在水里的，会飞的小爬虫（只有半粒豆子般大）}

kʰ　　［4］乞祈及吸极崛□_{弯腰}

h　　［4］□_{盖锅煮，以使菜肴收汁}□_{（盖得）严实}

Ø　　［4］一入_{收～}翼_{～phak⁴：翅膀}翼益液抑译□_{～thit⁴：衣服合身}

uət

k　　［4］骨

kʰ 〔4〕□欺骗□随意地做,相当于普通话的"弄、搞"

ak

p 〔4〕百伯

pʰ 〔4〕白□翼~:翅膀,本字或为"拍"

m 〔4〕麦□将某物(大物件)掰开

f 〔4〕法~蛋:将蛋搅拌均匀划划(伤)

v 〔4〕□耙~tɯ55:谷耙上装一个横的木头用以使田耙得更平整

t 〔4〕□狗叫走;狗咬

n 〔4〕纳□捏

l 〔4〕拉切,动词□刀~tɯ55,刀鞘□黄~番薯:制作金黄色红薯干的红薯品种

ts 〔4〕砸摘隻炙~火,烤火□受重物压□~棋:下棋

tsʰ 〔4〕拆尺册皱裂缝赤~脚

s 〔4〕石□量词,表示像扇形的一块

k 〔4〕格隔甲甲乙丙丁□~fən35:仅仅,只

kʰ 〔4〕客恰

h 〔4〕吓单音动词嚇恐~

Ø 〔4〕□编(辫子)

iak

p 〔4〕壁璧

pʰ 〔4〕劈

t 〔4〕贴单音动词□双手将某人悬空抱起来

tʰ 〔4〕帖妥~帖字~帖请~贴补~叠碟蝶谍笛籴~米□打结□垫,~被:褥子□~鱼:捕鱼

n 〔4〕业孽额□搬东西,~桌子,~凳子□卷起裤管,袖管□官;~黄历,本字或为"曆",声母发生同化音变

l 〔4〕猎□活~:身手灵活,或头脑很灵活,懂得变通□咬~:诽谤

tɕ 〔4〕迹脊接雀麻~,也有人读为 tɕiak4 鹊屎~鸟 tɯ55:喜鹊

tɕʰ 〔4〕席草~捷□编渔具,~网/罩/罾

ɕ 〔4〕胁锡金银铜铁~狎~女子:调戏女孩子惜娇~:宠溺小孩子□在某物下面塞个东西以使其达到平衡□~箕:筲箕□阿~:羽毛黑白相间的鸟,个头和乌鸦差不多,但叫声不同□米~:糯米和粳米混合碾成的粉

k 〔4〕屐木~鞋:木屐劫挟要挟夹~~子:铁夹或塑料夹□味道酸涩□虾~:小虾米

kʰ 〔4〕吃~亏,~苦耐劳眨眼睛□~锤:钉锤

h 〔4〕协侠~下:腋下

Ø 〔4〕叶~子叶姓页牖酒~tɯ55:酒窝太阳~:太阳穴□凹进去□~手:招手□快速地闪过,~眼睛:眨眼,~雷火:闪电□~tʰiak4:衣服合身

ɔk

p 〔4〕博剥驳□点,~火:点蜡烛□将未连在一起的事物接在一起成为一条或一段

pʰ 〔4〕薄厚的反义词薄~荷雹拍单音动词;球~帕手~□量词,表示薄薄的一小叠□~ho35:飞蛾

m　　[4]莫膜幕募寞漠陌□_{端,动词,～凳:端凳子}

f　　[4]缚_{用绳子动词缠住}

v　　[4]镤握□_{打耳光}

t　　[4]剁_{剁(肉)}

tʰ　　[4]托择_{挑选;择菜}

l　　[4]诺落烙骆洛络乐_{快～}烁_{应是误读}□_{～人;偷人}□_{别～人:别人}

ts　　[4]作着_{～衫;穿衣服}桌琢啄捉斫_{砍;用东西使劲鞭打(某人);买(猪肉)}

tsʰ　　[4]凿_{～子}着_{～火}绰_{～号}焯镯

s　　[4]索塑勺芍酌_{应是误读}硕□_{掌嘴}

k　　[4]各觉郭角_{动物头上的角;～落;纸币单位}搁□_{蚊～;蟾蜍}□_{～tɯ55:橡子}

kʰ　　[4]扩确榷壳□_敲

h　　[4]学

ŋ　　[4]嶽岳鄂粤乐_{～器,奏～}

ø　　[4]恶_{形容人心肠很坏恶～心}

iɔk

n　　[4]弱虐蒻_{毛发或毛毛虫一类的东西刺着皮肤}

l　　[4]略

tɕ　　[4]雀

tɕʰ　　[4]□_{跳跃}

ɕ　　[4]削_{～水果}削剥_～

k　　[4]脚角_{～色}

ø　　[4]约药钥若匿哕_{打干～;干呕}

ok

p　　[4]僕_{～人}朴卜_{～卦}赴讣

pʰ　　[4]扑伏_趴□_{虫子咬后长的小包}

m　　[4]木_{木头,笨}牧睦目暮

f　　[4]复復福幅蝠腹辐覆服伏_{六月～里:伏天}

v　　[4]屋

t　　[4]督啄□_{点(头)}□_{事物的底部}

tʰ　　[4]独读毒

n　　[4]□_{钻(桌子或狗洞这些地方),义同"noŋ32"}

l　　[4]赂鹿禄□_{用很烫的水来泡或烫某物,～人:某物很烫}□_{～tsʰoŋ32:黄花菜}

ts　　[4]竹筑祝粥烛嘱

tsʰ　　[4]族浊触_{言语或行为上横冲直撞}□_{气味刺激,蛮～人:味道很冲}□_{猛烈地摇晃手中的物品}

s　　[4]速缩束叔熟塾赎属□_{～鼻:吸溜鼻涕}

k　　[4]榖谷

kʰ　　[4]酷_{严～}

iok

n　[4]肉玉狱

l　[4]虑滤绿六陆陆录氯

tɕ　[4]足满~逐□往里,往下塞

tɕʰ　[4]促

ɕ　[4]续肃俗宿住~穗苞~:玉米□往洞内或长筒形物体内插

k　[4]曲~尺,弯弯~~

kʰ　[4]菊麴局畜~牲蓄~头发曲歌~

h　[4]旭畜牲~蓄储~

ø　[4]裕浴欲辱屿育□~菜:担水或肥料去浇灌菜地,本字或为"育"

参考文献

陈艳林.石城(屏山)方言的语流音变[D].南昌:南昌大学,2007.

傅思泉.方音的特征提取、比较与计算机处理[D].南昌:南昌大学,2005.

江西省石城县县志编委会编.石城县志[M].北京:书目文献出版社,1989.

刘纶鑫.客赣方言比较研究[M].北京:中国社会科学出版社,1999.

温昌衍.江西石城高田客家话同音字汇[J].嘉应学院学报,2018(1):26-36.

吴可珍.江西石城方言研究[D].苏州:苏州大学,2010.

杨加玉,曾志明,黄婷婷,杜严,项梦冰.铜鼓客家话音系[J].现代语言学,2016(4):127-160.

曾毅平.石城(龙岗)客家方言语法研究[D].广州:暨南大学,1998.

中国社会科学院语言研究所,澳洲人文科学院编.中国语言地图集[M].香港:朗文出版(远东)有限公司,1987.

中国社会科学院语言研究所方言研究室资料室.汉语方言词语调查条目表[J].方言,2003(1):6-27.

中国社会科学院语言研究所,中国社会科学院民族学与人类学研究所.香港城市大学语言资讯科学研究中心编.中国语言地图集[M].北京:商务印书馆,2012.

江西万年梓埠方言的同音字汇

江西科技师范大学文学院　余　超

内容提要　本文列出了江西万年梓埠方言的声韵调系统,并详细记录了该方言点的同音字汇。

关键字　赣语;万年方言;梓埠;同音字汇

　　万年县属江西省上饶市,地处赣东北,毗邻鄱阳湖,东与弋阳交壤,西与余干毗邻,南与鹰潭市接壤,北与鄱阳、乐平相邻。万年县境内方言属赣语鹰弋片。依据《万年县志》(2000)以及《赣文化通典·方言卷》(2014)可知,万年方言境内大体可分为陈营片、裴梅片、青云片、苏桥片及石镇片等五片。本文记录的是万年县梓埠镇的方言,属于石镇片。主要发音合作人有四位:詹雪娇,1939 年生,小学文化,农民;胡德旺,1947 年生,小学文化,农民;余选英,1952 年生,大专文化,退休教师(原为小学校长);余作清,1963 年生,初中文化,农民。

壹　声　韵　调　系　统

1.1　声母 20 个,包含零声母

p 巴波布闭	pʰ 怕婆铺被	m 马磨模米	f 化货胡回
t 打多都李	tʰ 大驼断脱	n 南挪努农	l 拉罗仁柔
ts 遮做祖资	tsʰ 茶坐楚阵		s 沙锁产唇
tɕ 姐几嘴叫	tɕʰ 邪齐袖气	ȵ 惹泥言人	ɕ 西书集雪
k 家猪根夹	kʰ 卡圈住开	h 喝瞎闲效	ŋ 牙恩鸭鱼
∅ 二衣文云			

　　说明:

　　① 声母 n 有两个变体,n 和 ȵ,n 出现在开合二呼之前。ȵ 出现在齐撮二呼之前。

　　② 零声母开口呼音节以喉塞音开头,齐撮二呼音节开头带有轻微的唇舌同部位摩擦。合口呼音节开头摩擦稍重。

1.2　韵母 65 个,包含自成音节的 m̩、n̩、ŋ̍

ɿ 字知世市志	i 驴眉徐岁备	u 布部古初苏	y 猪处句厨珠
a 怕加夏车花	ia 爷写借谢些	ua 话夸瓜挂挖	ya 靴擓
o 波多河鹅罗		uo 过课禾火窝	
e 去盖鳃	ie 揭蝎爹	ue □哭□溢出	ye 厥

ɛ 二而耳儿

ai 菜街坏鞋代　　　　　　　　　　　　　　　uai 怪歪快块

ɛi 改开海台杯　　　iu 刘九牛秀又　　　　　uei 贵亏胃为

ɛu 高包猫孝交

eu 朝少照苗柔　　　ieu 桥条狗藕晓

an 班减眼砍山　　　　　　　　　　　　　　　uan 关晚湾

on 半毯南汗安　　　　　　　　　　　　　　　uon 官碗罐款

en 本婚真陈吞　　　ien 编面钱泉选　　　　　uen 滚困文温　　　yen 占扇砖县园

ɛŋ 灯能跟恩杏

　　　　　　　　　　in 林亲品冰人　　　　　　　　　　　　　　yn 匀军群云裙

aŋ 彭冷撑争生　　　iaŋ 病明听名姓　　　　　uaŋ 横梗

oŋ 帮房霜张党　　　ioŋ 娘抢让香样　　　　　uoŋ 光王网狂

　　　　　　　　　　iuŋ 龙穷用供浓　　　　　uŋ 棚东风虫空

at 答甲辣杀瞎　　　　　　　　　　　　　　　uat 滑刮袜

ot 泼割脱夺撮　　　　　　　　　　　　　　　uot 刷阔

ɛt 虱十湿实突　　　iet 叶贴灭歇结　　　　　uet 骨窟活　　　yet 舌浙热月血

　　　　　　　　　　it 一吉日漆　　　　　　　　　　　　　　　yt 橘出

ak 白柏麦尺摘　　　iak 壁劈锡迹

ɔk 薄角勺霍落　　　iok 削药嚼略　　　　　　uok 郭握沃

ek 北得墨勒克　　　　　　　　　　　　　　　uek 国

　　　　　　　　　　ik 踢敌历极

　　　　　　　　　　iuk 六肉菊粟曲　　　　　uk 木读竹福烛

m̩ 姆

n̩ 唔

ŋ̍ 吴五蕹

　　说明：

　　① eu、ieu、en 中的 e 音值接近于 ə。

　　② o、uo、on、ioŋ 等中 o 音值接近于 ɔ。

　　③ y 的实际音值得接近 ʯ。

　　④ ai、uai 音值接近 ɐi、uæɪ。

　　⑤ 入声尾 t 有弱化的倾向。

1.3 单字调 7 个

阴平　33　　哥家都低思粗方

阳平　24　　穷团神鹅娘人旁

上声　41　　米左果锁草手买

阴去　25　　破过菜怕唱裤放

阳去　212　坐骂贺害病树饭

阴入　1　　　一黑喝百吓桌尺

阳入　　2　　　　白学读杂叶嚼合

说明：

① 平分阴阳，中古平声清声母字今读阴平，浊声母字今读阳平。

② 全浊上声大部分归阳去，中古上声清声母字和次浊声母字今读上声。

③ 去分阴阳，中古去声清声母字今读阴去，浊声母字今读阳去。

④ 入分阴阳，中古入声的清声母字和次浊声母今读阴入，全浊声母字今读阳入。部分字派入以去声为主的其他调类，读为舒声调。

贰　同音字汇

　　本字汇收录的都是万年梓埠方言中用到的字。其基础是《方言调查字表》，此外是依据大量的词汇调查材料补充出《方言调查字表》里未列出来的字。目前找不到本字的字用"□"方框代替。释义在本字后用小字表示。有文白异读的字，文读在字后面以小字"文"说明；白读在字后面以小字"白"说明。例词里的本字用"～"代替。

1

ts　[33]撕知蜘支枝肢栀资姿咨兹滋辎之芝[41]紫纸只～有姊脂旨指子梓滓止趾址[25]滞制智致质人～至置志痣

tsʰ　[33]痴嗤[24]池驰侈瓷糍茨迟慈磁辞词祠持[41]此耻齿[25]刺赐翅次[212]自字牸似巳寺嗣饲痔治士仕柿

s　[33]雌斯厮施私师狮蛳尸司丝思厕(白)诗[24]时[41]豕死屎使史驶使始[25]世势自四肆示嗜伺试饰[212]誓逝是事市视士恃恃

i

p　[33]屄[41]陛比彼鄙[25]秘蔽闭陛泌庇痹浜[212]□～蝇仍；蝉

pʰ　[33]批砷～记石；墓碑披纰坯椑野柿子树[24]皮疲脾琵枇□量词，一～柴[41]痞[25]屁[212]币毙譬被婢避备算鼙破把肉割开

m　[33]眯咪[24]眉楣迷谜糜弥靡霉(又)鸡～仍；鸟媒，用来诱捕其他鸟的鸟[41]米尾(白)[25]□～仍；男孩生殖器[212]沕

t　[33]低[24]庐(白)驴犁黎离篱璃梨蛎厘狸(文)[41]吕(又)旅缕屡底抵礼李理鲤里[25]裏丽缔帝(文)□小[212]虑滤例厉励荔履利痢吏营养不良

tʰ　[33]梯堤[24]题提蹄啼隶[41]体[25]替涕剃屉第[212]弟递地帝(白)

tɕ　[33]鸡叽奇基几搁～机讥饥虮蚂～；蚂蚁齑细，碎；～米；～粉[41]挤几麂己嘴[25]祭际济荠剂计继系髻寄妓纪记忌既醉季寂

tɕʰ　[33]蛆妻凄棲溪蹊奚欺戚[24]齐脐奇骑岐歧祁鳍其棋期旗麒祈随(又)[41]取娶启企起杞岂[25]趣砌契器弃气汽[212]徛站技

ɕ　[33]须鬚需西犀奚兮牺熙希稀虽绥析蓰～草；水中生的草，叶细，浮于水面，可作饲料。[24]徐随(又)[41]洗玺徙喜髓蟢～蛛仍[25]絮细婿岁嬉戏[212]序叙绪系关～

ŋ　[33]妮[24]愚泥倪霓宜仪尼呢～绒疑[41]蚁你拟[25]逆[212]艺谊义议腻毅

Ø　[33]医衣依[24]移夷姨沂遗[41]倚椅矣已以[25]意臆异缢[212]易肆

u

p　[41]补[25]布怖佈

pʰ　[33]铺~床[24]蒲菩葡脯胸~潽溢出[41]谱普浦捕[25]埠铺店~[212]部步捕簿紺捆东西绳索□主动地寻找:真~食(很会寻找食物)

m　[24]模~子摹[41]母拇[212]暮慕墓募

f　[33]夫肤敷孵麸呼乎□掌掴:~两巴掌[24]胡湖(文)狐壶瓠葫鬍蝴糊俘符扶芙[41]虎浒府腑俯甫脯斧抚釜腐辅[25]戽付赋傅咐赴讣富副负妇□扔、丢,把鞋仍~出去(把鞋子扔出去)[212]户沪互护父附驸

t　[33]都首~、~是[41]堵赌肚猪~楮~树;类似苦楮树的一种树[25]妒

tʰ　[24]徒屠途涂图[41]土[25]吐~痰、呕~兔[212]肚~脐眼度渡镀杜

n　[24]奴[41]努[25]怒

l　[33]攎~秆;找秆[24]卢炉芦鸬庐(文)如儒[41]鲁橹虏卤汝乳辱[25]赂露吐出来[212]路露~水鹭

ts　[33]租周舟州洲[41]祖组阻帚[25]昼咒

tsʰ　[33]粗初抽[24]锄(文)仇酬[41]楚础丑纣醜[25]臭醋[212]助

s　[33]苏酥梳疏蔬枢收[24]锄(白)~草[41]所数手首守蜀属[25]素诉塑庶恕数漱兽[212]署寿受授售

k　[33]姑孤鸪辜[24]□敲打,~螺蛳;用指关节击打头部[41]古估蛊牯股鼓[25]故固锢雇顾跍蹲

kʰ　[33]箍枯鈷~饼[41]苦[25]裤库

Ø　[33]乌污巫诬[24]吴(文)蜈(白)吾梧湖(白)鬍无[41]伍队~午坞武舞侮鹉[25]恶□~仇:叔叔[212]误悟务雾婺戊

y

ɕ　[33]书舒墟虚嘘输~赢、运~殊[24]薯[41]暑鼠许水筮~竹仍;一种竹子[25]戍畜旭[212]竖树

k　[33]猪居车趄诛蛛株朱硃珠拘驹追楮□蛀[41]阻煮举主矩[25]著据锯(又)聚驻注~意,注水蛀铸句剧

kʰ　[33]柱区驱屈[24]除杵渠~道厨橱瞿槌锤[41]处相~拄[25]拒距处办事~[212]住~宿柜具惧俱巨

ŋ　[33]□濒死的状态[24]鱼[41]语女

Ø　[33]淤迂[24]於余馀虞(文)娱于盂榆逾愉[41]与雨宇禹羽[212]誉预豫愈芋喻裕

a

p　[33]巴芭疤笆[41]把~守[25]霸欛坝爸罢

pʰ　[33]啪趴[24]爬琶杷扒钯[25]怕[212]耙

m　[33]□五指抓取[24]麻痳蟆[41]马码蚂嫲~嬷:奶奶[25]□工夫:~~了:工夫繁多[212]骂

f　[33]花□哔[24]华划伐阀[41]□撕[25]化[212]华姓画话(文)

t　[41]打[212]□蒂蒂~~:吊下的长条物摆动的样子

tʰ　[33]他

n　[24]拿[41]哪[25]那

l　[33]拉[41]□骄傲、自大[212]□跨

ʦ　[33]查姓楂渣遮抓(文)铡□欠、差,~账:欠账[41]者[25]诈榨炸乍蔗

$ʦ^h$　[33]车叉杈差[24]茶搽茬查[41]扯[25]岔[212]□打扫

s　[33]沙纱莎桬奢赊杉奓开貌,~手~脚[24]蛇佘姓[41]洒捨傻要厦~仂:偏屋[25]舍宿~晒赦厦大~[212]社射麝

k　[33]家加嘉傢佳葭~茅:芭茅□夹[41]假放~,真~贾姓[25]架驾嫁价尬

k^h　[33]搭[24]蛤~蟆[41]卡[25]□胯部

h　[33]虾~公哈~气躯~腰□~开:把(堆状物,如谷子、米粉等)耘开[24]霞瑕遐暇蝦~蟆[41]□卸:~锁[212]下夏厦~门暇

ŋ　[33]丫鸦桠[24]牙芽衙伢涯崖[41]我(白)哑雅[25]亚挜~人家:强行地冤枉人家[212]砑碾~艾~叶

ø　[33]啊阿

ia

t　[33]爹~~:爷爷[24]□拿[25]□歪、斜[212]□厉害□使眼色

t^h　[212]提

ʨ　[41]姐[25]借~东西藉~口

$ʨ^h$　[24]茄~仂病:子宫下垂邪歪风~气斜桌子~了[41]且[25]笡歪斜[212]褯~仂:孩子尿片谢花都~哩

ɕ　[33]些□~人:骗人[41]写[25]卸泻[212]□~子:斗鸡眼

ø　[24]耶爷[41]野惹也[212]夜

ua

k　[33]瓜[24]呱~~叫[41]寡剐[25]挂卦褂

k^h　[33]夸[41]垮□~子:罗圈腿[25]跨挎~包

ø　[33]蛙洼挖(文)[24]娃[41]瓦[212]话(白)~事:说话

ya

k　[33]㪣取,~牌:抓牌

ɕ　[33]靴

o

p　[33]波菠播坡玻[41]跛~脚[25]簸箥

p^h　[24]婆[41]颇[25]破剖

m　[33]摸(文)□做事慢慢吞吞[24]魔磨~刀摩馍嬷猪~:母猪[41]么[212]磨石~□地点、方位

f　[24]和~好[41]火夥伙[25]货[212]祸藿(文)

t　[33]多[41]朵躲[25]剁跺

t^h　[33]拖[24]驼驮鸵砣秤~[41]妥椭[25]唾[212]舵惰堕□层层叠加

n　[24]挪[25]□~仂:猪、猪肉(小孩子的说法)[212]糯懦

l　[33]啰[24]罗锣箩萝骡螺脶萝[41]裸打露~:光膀子[212]摞

ʦ　[33]□刺、扎;刺~了脚 啄鸡~米[41]左佐[25]做

ʦʰ　[33]搓[41]□~鞋;禾秆绳编织成的鞋子[25]锉错痤挫措[212]坐座昨

s　[33]蓑梭唆莎[24]□差、次[41]锁琐

k　[33]哥歌戈[25]个

kʰ　[33]苛轲[41]可

h　[33]呵□未抛光的边缘[24]河何荷和[212]贺鹤(文)

ŋ　[33]□~□mi33仂;懦弱的人 阿~胶屙[24]蛾鹅俄娥讹[41]我(文)[212]饿

uo

k　[41]果裹馃[25]过

kʰ　[33]科窠棵蝌颗[25]课

Ø　[33]锅倭窝偎[24]禾和(白)~尚[25]□仂;凹处,可避风的地方

e

p　[33]□嘴上~~;随便动嘴[41]□吵架

pʰ　[41]□撕;~一半给我 □~子;拐子[212]□端着不稳致使水或汤溢出

m　[33]□(又)~仂;黄牛崽[24]□弯曲状[41]□折[212]□~仂;黄牛崽

f　[33]□舔

t　[33]□嘀嘀~~;说话迟缓且语无伦次[212]□牯仂;肚大而走路慢的人

tʰ　[33]□不相干,真~啊[24]台~盆;桌子[41]□挺;~起个肚来[212]袋

n　[33]呢[41]□踩□这;~个[25]那

l　[33]□~巴子;话说不清的人

k　[33]嗝□~牛;牵牛~□tɕin33;吵架[41]□死脑筋;那个人真~[25]盖锯(又)

kʰ　[24]渠他[25]去[212]咳

ŋ　[24]虞(白)

ʦ　[33]栽□高处摔下[41]崽

ʦʰ　[24]栽(白)□~仂;荸荠[41]踩[212]厕(文)

s　[33]鳃□夸张的笑(消极)[212]豉

ɛ

Ø　[24]儒(白)儿而[41]耳饵尔[212]二贰

ie

t　[33]爹~~;父亲

tɕ　[33]揭

tɕʰ　[33]□~穿;刺穿

ɕ　[33]蝎

Ø　[33]椰[24]爷祖父

ue

k　［25］□~~叫：大声说话

ø　［33］□哭□裙露［212］□溢出

ye

tɕ　［24］厥

ɕ　［33］舐

ø　［212］热

ai

p　［33］掰［41］摆［25］拜

pʰ　［24］排牌簰［25］派［212］败

m　［24］埋［41］买［212］卖迈

f　［24］淮怀(文)槐［212］坏

t　［33］呆(文)［41］歹傣［25］带戴

tʰ　［25］太泰［212］大态贷待怠殆代

n　［41］乃奶牛~［25］奶~仔；乳房［212］奈耐

l　［33］□脏［24］□~记；忘记［212］赖癞榇□夸张地吃；~了几碗　□~屎~尿；小孩将屎尿遗在床上

ts　［33］灾斋［41］宰载年岁［25］载~重债拽□缝补；~衣裳

tsʰ　［33］猜钗差出~［41］采彩睬［25］菜蔡［212］寨

s　［33］筛衰［24］柴豺［41］甩□抽打［25］赛帅率蟀［212］□~尿；遗尿～蛋；随处下蛋

k　［33］街皆阶［41］解~开［25］介界芥疥届戒丐解~刀；做砖瓦的工具□~面；开脸　□□[kan41]~；不用操心和费力

kʰ　［33］揩［41］楷慨［25］□~仔；闭塞的地方□节约［212］械机~

ŋ　［33］挨哀唉埃［24］獃呆捱癌［41］矮蔼嵃倚坐［25］隘□~仔；水牛崽［212］外艾碍隑□故意拖延

h　［24］鞋还蟹［212］谐骇解思虑趄将走有留意

uai

k　［33］乖［41］拐［25］怪

kʰ　［41］摑掯~篮仔［25］块会~计刿蒯快筷

ø　［33］歪［24］怀(白)~里；胸前

ei

p　［33］杯悲碑(文)卑□做、弄、搞、干［25］贝背辈

pʰ　［33］胚坯(文)［24］培陪赔裴［25］配佩沛辔柿［212］倍背~书

m　［24］梅枚玫媒煤脢莓楣霉(又)［41］美每［212］妹媚昧寐

f　［33］非飞灰挥辉徽妃恢［24］回(白)肥茴［41］毁匪翡［25］悔费晦废肺痱彗讳［212］贿惠吠汇绘会开~慧

t　［33］堆［41］□~个；整个、完整［25］对碓队

tʰ [33]推胎[24]台苔抬[41]腿[25]退褪兑蜕

n [24]□用指肚有力地揉[212]内

l [24]来雷[41]累积~偏蕊垒磊颣绳结侣吕(又)[25]累劳~[212]擂类泪瑞锐累连~□~仂:石磙,一种脱粒工具跦从高处摔下来

ts [33]锥[25]再最缀赘

tsʰ [33]催崔炊[24]才材财裁(文)垂[25]脆翠粹[212]在罪

s [33]□嘴馋[24]谁绥[25]碎税遂隧穗睡

k [33]该[41]改给[25]盖(文)

kʰ [33]开[41]凯[25]概溉

ŋ [25]爱

h [41]海[212]害亥

iu

t [33]丢[24]流刘留榴硫琉[41]柳□~秀:整齐干净[212]溜馏

tɕ [33]揪鬏鸠阄纠灸咎骆绛~仂:蜻蜓[41]酒九久韭[25]救究□拧:~紧□矮小:越老越~哩

tɕʰ [33]秋鞦鳅丘蚯[41]囚泅求球仇姓[25]就□熏:~哩眼珠[212]袖臼舅旧

n̠ [24]牛[41]纽扭

ɕ [33]修羞休[41]黍朽[25]秀绣锈

ø [33]优忧悠幽[24]尤邮由油游犹[41]有友酉莠[25]又右祐诱幼[212]佑柚鼬釉

uei

k [33]圭闺规龟归[41]诡轨癸鬼[25]贵桂鳜刿桧

kʰ [33]盔亏窥[24]魁傀奎逵葵[25]溃跪愧

ø [33]煨危微威[24]为作~维惟唯围违[41]伪萎委尾(文)伟苇[25]畏慰[212]会卫为~么仂:为什么位未味魏纬胃谓

au

p [33]褒包胞苞[41]保堡宝饱[25]报暴豹爆鲍曝

pʰ [33]抛薸胚——~屎泡眼~□浸在水中腐烂而发胀[24]袍刨鉋[41]跑[25]泡浸~炮礮[212]抱菢

m [33]猫[24]毛矛茅锚[41]卯铆[212]冒帽貌

t [33]刀叨[41]祷岛倒捣[25]到倒~水

tʰ [33]涛滔焘[24]掏桃逃淘陶萄箍~竹仂:一种竹子[41]讨导[25]套[212]道稻盗

n [24]铙挠[41]脑恼[212]闹□用毒药毒:~鱼

l [33]捞唠[24]劳牢痨~病□关心(贬义)□取出沟中的多余的土或杂物[41]老佬[25]劳慰劳[212]涝□以手或工具够物

ts [33]遭糟膪脆,干□跟~仂:跟头[41]早蚤枣澡爪找[25]灶躁燥罩□用五齿耙碎土

tsʰ [33]操抄钞焯[24]曹槽巢[41]草吵炒[25]糙悼牛以角挑物撍火钳挑柴使火旺:~下火□瘟~仂:瘟子□性急[212]造皂

s [33]骚臊搔艄稍艄[24]勺[41]扫又嫂[25]愫脚~:脚很快(贬义)扫溲

k　[33]高膏篙羔糕交郊胶茭铰[41]稿绞狡搞搅(文)□~:人力龙骨水车拔车牵引的手柄[25]告教筊校铰酵窖觉

kʰ　[33]栲□~菜,做菜(一般指蔬菜)[41]考拷烤[25]靠犒铐[212]搅(白)

ŋ　[33]凹坳□~人:诽谤人[24]熬葵鳌□[41]袄咬腜藏肉法,用盐均匀涂在肉上[25]奥懊傲拗~口

h　[33]蒿薅[24]号~叫毫嚎壕[41]好郝[25]孝耗浩好喜~[212]号~码校效

eu

m　[24]谋[41]某亩牡[25]眸看[212]贸茂

f　[24]浮[41]否

t　[33]兜蔸[41]斗陡抖[25]斗~争逗

tʰ　[33]偷[24]头投□清洗[41]敨~开,~气[25]透[212]豆逗痘

n　[212]□拧拧~~:衣物不整洁,不顺平□~□[seu212]~:晋词

l　[33]□眼睛凹陷劙~个窟窿[24]楼柔揉[41]扰搂扰篓□踢:被渠~哩[212]绕漏陋

ts　[33]朝今~召昭招邹绉□龙舟舵[41]沼走[25]兆(文)肇召号~照奏宙胄皱骤

tsʰ　[33]超[24]朝~代愁嘲潮稠筹[25]凑[212]赵

s　[33]艘烧搜飕馊□~仍:刨丝器[24]瘦[41]少[25]啾少幼~[212]兆(白)韶邵绍□用五齿耙碎土□□[neu212]~:晋词

h　[33]瘊[24]侯猴候喉□有预谋地留存□~仍:粪箕[41]吼[25]睺[212]後后厚

ieu

p　[33]标镖膘彪猋□喷射,惠仍屙尿~得老远[24]表裱錶婊標甘蔗或其他树木的末端[41]□播种

ph　[33]漂打水~飘[24]瓢嫖[41]漂~白粉,~亮[25]票

m　[24]苗描瞄[41]秒渺藐[212]妙庙谬

t　[33]刁碉雕叼凋貂□聪明[24]聊辽疗潦僚獠瞭□捏~,顽皮□~巧,固执[41]了~结鸟[25]吊钓掉[212]料廖镣—一种捕鱼工具,梳形状,带刺,长柄

tʰ　[33]挑[24]条姚身体修长调~味,~和[25]粜跳[212]调~仍,曲调掉~头

tɕ　[33]焦蕉椒骄娇浇雀[41]剿矫缴侥饺帩擦,抹;~澡[25]醮釂叫~仍:口哨

tɕʰ　[33]锹缲蹻悄[24]樵瞧乔侨桥荞[41]巧[25]翘俏鞘窍跷[212]轿藠撬噍~牙床;多嘴

ȵ　[212]尿

ɕ　[33]消宵霄硝销逍枵嚣萧箫[41]小晓[25]笑

k　[33]沟钩勾[41]狗苟枸[25]构够垢购勾~当

kʰ　[33]抠[41]口[25]叩扣寇

ŋ　[33]欧殴鸥区瓯[24]尧饶姓[41]偶藕呕[25]沤怄煴~脚:在被窝里暖脚

Ø　[33]妖邀腰要幺吆[24]饶上~(地名)摇谣窑姚遥[41]舀杳[25]要耀鹞[212]跃

an

p　[33]班颁扳斑斒[41]板版[25]扮绊~到脚办哟咦:怎么办

ph　[41]瓣页:一一书[25]盼[212]办瓣

m　[24]蛮[41]晚夜~:晚上[25][212]慢曼漫蔓幔

f [33]帆翻番藩[24]凡桓还(白)～原环(白)～境烦繁矾[41]反返[25]贩畈幻～觉[212]泛宦患饭範模～范姓犯～人

t [33]单丹耽担～东西□～脚:提脚[41]胆掸鸡毛～子疸□在锅中热水里稍微煮一下[25]担～子旦

t^h [33]瘫坍滩摊[24]谈痰檀弹天在火上稍许烘烤[41]坦[25]叹炭[212]淡诞但弹蛋

n [24]难困～[212]□～钉:土车下面的木钉子难九九八一～□身上忽起的包

l [24]蓝篮兰拦栏[41]览缆电～榄懒冉染(文)[212]烂滥缆拴、系

ʦ [33]沾[41]斩崭盏攒[25]站～住;车～蘸赞濽溅:～得一身水栈錾

ʦ^h [33]餐[24]惭谗馋蟾残蔡口水[41]铲产□水冲刷[25]忏灿颤绽□固执暂栈□过于充满而裂开:板栗～开哩

s [33]三衫杉(白)～源:地名珊山删疝[41]陕伞散～架产(又)[25]散～开[212]□挥动使附着物脱离

k [33]尴监艰间奸悭□～解:计划、谋略[41]减碱简柬拣锏[25]鉴间谏涧

k^h [33]坩缸:水～、米～[41]砍槛床～子仂:窗子[25]嵌[212]□大拇指与中指伸开拉直的距离

ŋ [24]雁岩颜[41]眼[25]晏□硌,突起的硬东西使人不舒服[212]谚

h [33]□～皮:指一些瓜果放久了,软踏踏的,隐喻指小孩顽皮[24]咸鹹衔嫌闲还～有[41]喊[25]□在甑箅上蒸:～肉、～鸡[212]陷馅限

uan

k [33]关鳏[25]惯贯

k^h [33]□～沟:耙过的地用脚开沟[24]□低下来:～头:弯头;～腰:弯腰[25]□装在桶上面用来提取的支架或铁环[212]□车～:放在肩上借肩力拉车的带子□系、圈住

ø [33]弯湾[24]顽玩还(白)～钱环(白)耳～[41]晚挽鲩～鱼:草鱼[212]万

on

p [33]搬般[25]半

p^h [33]潘[24]盘蟠□爬:～树[25]判叛[212]伴拌

m [24]瞒馒[41]满

f [33]欢[24]完(又)[41]缓[25]焕唤[212]换(文)

t [33]端[41]短□阻止[25]锻断截取:～树;引申为一块一块椴煅

t^h [33]贪[24]团谭潭坛～仂:一坛仂酒[41]毯[25]探[212]断～绝段缎

n [24]南男[41]暖

l [24]鸾銮[41]卵揽搂抱□撒～跤仂:摔跤[25]□～深:很深□走,多有讽刺意味[212]乱

ʦ [33]钻～出来簪[41]纂[25]撰钻打～

ʦ^h [33]参搀攒氽～汤[24]蚕椽[41]惨[25]窜篡[212]赚□凿

s [33]酸栓闩[25]算蒜涮

k [33]干～涉肝乾竿杆甘柑泔尴[41]感敢橄秆擀赶鳡～鱼[25]干～部

k^h [33]刊堪龛看～牛□生小孩[41]坎侃䆮扣住、盖着[25]看～见墈陡且高的坡勘

ŋ [33]庵菩提～:地名鹌安鞍[41]□匹配合适頟～头:点头;打～□[ʦuŋ33]:打瞌睡[25]暗按案[212]岸

h [33]憨鼾酣□故意装傻[24]含函涵寒韩蟥～蟮仂:蚯蚓[41]罕[25]汉熯烘烤[212]汗憾撼旱焊翰

uon

k [33]官棺观参～冠鸡～[41]管馆[25]贯灌罐观道～冠～军鳏

kʰ　[33]宽[41]款

ø　[33]豌剜[24]完[41]碗惋腕宛婉皖綄缠绕[212]换(白)

εn

p　[33]崩冰(又),结~冻[25]□小锣一种;打~~(打小锣)

m　[212]孟

f　[24]横~峰(地名)

t　[33]登灯[41]等[25]凳瞪镫橙

tʰ　[24]腾誊藤[25]□抬[212]邓澄

n　[24]能

l　[24]睖[212]凌

ʦ　[33]曾姓增憎筝砧瞾[25]甑

ʦʰ　[24]曾层[41]忖[25]蹭衬[212]赠

s　[33]僧牲笙参人~生(文)[24]□蠢而有蛮力[41]闪陕省江西~

k　[33]跟根更庚赓羹[41]哽耿□~个,整个[25]更埂□使劲竖立。~起头;使劲竖起头

kʰ　[33]□连累、拖累[41]肯啃恳垦

ŋ　[33]恩[212]硬

h　[33]亨[24]行菩萨出~、~路痕恒衡[41]很狠□撞[212]恨杏苋

ien

p　[33]鞭编边辫[41]贬蝙扁匾[25]变

pʰ　[33]篇偏汴[24]便~宜[25]骗片遍[212]辩辨便方~

m　[24]绵棉眠□层叠式砌砖[41]免勉娩缅渑[212]面麵

t　[33]掂颠癫滇巅[24]廉镰帘连联怜莲[41]敛脸点典[25]店[212]殓练炼楝恋链

tʰ　[33]天添[24]甜田填[41]忝舔腆[25]掭踮[212]篢电殿奠佃垫靛

ʨ　[33]尖兼搛煎肩坚橶楔子[41]检俭剪茧裥捡戬趼[25]监舰剑谏涧锏箭溅建腱荐见

ʨʰ　[33]歼签谦迁千牵铅~笔[24]钳钱乾虔前全泉黔捐挦~毛;拔毛[41]潜浅遣[25]欠歉[212]渐件践贱饯键健旋(白)

ȵ　[33]黏粘蔫拈[24]严鲇言年研~阉仍;做阉□轮。划拳;划两~[41]染(白)碾辇捻撵[212]验砚念

ɕ　[33]宣(白)仙鲜先喧[24]嫌涎舷弦[41]显险鲜选癣笕铦煅补锄头使其更锋利[25]线羡献宪现~眼镟~鸡;阉割后的公鸡[212]现~在

ø　[33]烟淹阉腌胭燕~京[24]盐阎檐延沿炎筵铅~山(地名)[41]演掩衍□~子:不懂装懂的人[25]厌堰燕~子咽宴□踢~仍;踢毽子[212]焰艳敭以手散物

yen

ɕ　[33]宣(文)轩掀喧瞤苦草帘子[24]弦船玄悬旋(文)[25]扇闪霍~[212]县善膳鳝单姓眩

k　[33]瞻砖专毡捐鹃娟[41]展(又)转卷花~;捲[25]占战转~动眷卷~子绢籐牛~

kʰ　[33]川穿圈[24]传拳权颧[41]展(又)犬喘[25]串劝券[212]传~记倦篆缠篆

ŋ　[24]元原源[41]远软[212]愿

ø　[33]冤渊鸳[24]然丸圆员圆缘袁辕完援[41]远[25]怨[212]院

en

p　[33]奔[41]本[25]□动

pʰ　[33]喷又[24]盆[212]笨溢

m　[24]门蚊[41]蠓～子仂:小咬[212]闷问焖

f　[33]昏婚分～开吩芬纷荤[24]魂馄浑焚坟[41]粉[25]粪奋喷～水忿[212]混愤份分本～

t　[33]墩敦礅阉割:招惹[41]□撞:～到人(撞倒人)[25]顿脚炖□盖住:～到锅(盖住锅)

tʰ　[33]吞[24]豚饨臀囤～积屯[212]囤米～钝沌盾遁

n　(又)[212]韧嫩

l　[33]扔[24]仁人～珠仂:人中壬轮沦伦仑[41]忍[212]任纤刃认韧(文)论润闰

ts　[33]今(白)针斟毡珍榛臻真尊遵肫征蒸贞侦正(文)～月征[41]枕诊疹拯整[25]镇振震证症正政

tsʰ　[33]村皴称[24]沉岑纯醇鹑陈尘晨臣存蹲澄惩橙承丞程(文)呈成城诚乘[41]忖逞[25]趁衬寸称相～秤[212]阵郑(文)赠吮

s　[33]身深孙伸申升声(文)[24]神唇绳乘晨塍[41]笋榫沈审损婶[25]圣胜舜(文)渗糁[212]肾剩甚盛兴～慎乘

uen

k　[41]滚磙衮[25]棍

kʰ　[33]昆坤崑[41]捆[25]困睏

ø　[33]温瘟[24]文纹闻炆[41]稳吻刎[25]搵淹没:～死哩

in

p　[33]宾槟冰(文)兵彬箆～仂:算子[41]禀丙秉[25]殡鬓并～拢

pʰ　[24]贫频凭平(文)评瓶屏苹萍[41]品[25]聘[212]並

m　[24]民鸣明(文)名(文)铭冥螟[41]闽悯敏抿皿[212]命(文)焖

t　[24]林淋临邻笒鳞燐磷瞵菜畦陵凌菱绫灵铃伶拎龄[41]檩鼎～板盖仂:锅盖[25]吝拎[212]赁令另

tʰ　[33]厅汀[24]亭停婷廷庭蜓[41]艇挺铤

tɕ　[33]今(文)金禁襟津巾斤筋粳茎京鲸荆惊晶精经[41]锦紧仅尽谨景井(文)颈(文)[25]浸禁进晋劲境敬竟镜竞靖径俊(白)

tɕʰ　[33]侵钦亲卿清(文)青(文)[24]寻琴禽擒秦勤芹擎情晴(文)[41]寝请(文)濮□～仂:一种渔具[25]沁吣庆罄磬[212]妗尽近肫静靖净

ȵ　[24]吟人银凝迎宁[212]韧(白)佞

ɕ　[33]心辛新薪欣兴～旺猩馨星(文)[24]行游～形型刑[41]省擤[25]信讯衅焮兴性(文)姓(文)囟[212]幸□放纵或不约束自己的快乐

ø　[33]音阴荫因姻洇殷应～该鹰莺鹦樱英婴缨嘤[24]淫寅仍蝇盈[41]饮～酒引蚓隐瘾尹影(文)颖[25]印饮使滋润不干枯应回～映(文)□用锄头方形地方击打

yn

k   [33]均钧君军鞯[41]准準[25]郡俊(文)浚骏

kʰ   [33]春椿倾[24]群裙[41]蠢顷菌

ŋ   [25]□女儿

Ø   [33]晕～车[24]云匀耘[41]允[212]运韵晕化孕酝熨

aŋ

p   [33]嘣～～;响絣□～□[iaŋ33];场面、境况[25]□拉、牵引迸开鞯;～裂

pʰ   [33]拚赶、撵;～鸡□～壶仂;烧开水陶壶或金属制品壶□臭;非常臭[24]彭膨[25]□泛[212]鬄□～开;用力分开

m   [33]蒙[24]□～瓜;丝瓜□油少水多且口感差[41]猛～子;高个子

f   [33]□牵开

t   [212]□零零～～;长条物垂下飘动的样子□～子;游手好闲的人

l   [41]冷□～豆腐;万年县特色荞麦面

ts   [33]争睁踭正～月[41]整修理[25]正□用力撑开

tsʰ   [33]撑□用脚蹁[24]橙程(白)[25]掌[212]郑(白)

s   [33]生(白)甥声[24]盛～饭成(白)现～[41]省节～[25]□刷出;～下鞋底烂泥

k   [33]耕更[25]□前推捞起;把鱼用罩一起来

kʰ   [33]坑[25]□拱、挤;猪～槽[212]□挤、推

iaŋ

p   [41]饼拼饼[25]柄

pʰ   [33]拼[24]平(白)坪□～仂;一种手提有柄的舀粪器[212]病

m   [24]明(白)名(白)[212]命(白)

t   [33]丁姓疔叮盯钉～仂[24]零铃[41]领岭[25]钉～东西□扔、丢;莫～到人

tʰ   [33]听[212]定订

ȵ   [33]□装～;假装不喜欢

tɕ   [33]惊睛[41]颈(白)井(白)[25]镜(白)锃

tɕʰ   [33]清(白)轻青(白)[24]晴(白)[41]请(白)[25]□雇、请;～人

ɕ   [33]星(白)腥兄(白)[41]□坏;粜～得很醒[25]姓(白)性(白)

Ø   [24]赢□举起□□[paŋ33]～;场面、境况茔[41]影(白)[25]映(白)～光;锃亮

uaŋ

k   [41]梗菜～仂;菜梗子[25]□瞪;～起眼珠来(瞪着眼睛)

kʰ   [33]框门～

Ø   [24]横蛮～,～竖□打～;抓鱼[25]□～光;光线很亮[212]□丢、扔

oŋ

p   [33]帮邦浜[41]榜绑[25]谤棒

p^{h} [33]□拼：用命～[24]滂旁螃膀庞[41]耪松土□闯[25]胖[212]蚌傍

m [24]忙芒茫盲虻氓[41]莽蟒网(白)[25]望(白)[212]忘(白)

f [33]荒慌方芳[24]黄(文)簧呈蝗凰隍肪妨房防[41]谎恍幌仿纺访[25]放[212]晃

t [33]当～时裆铛[41]党挡[25]当宕垱

t^{h} [33]汤□尝试性触摸蹚～水[24]堂棠螳唐糖塘[41]躺倘[25]烫趟□～仂：晒谷时耙开的工具□梿～仂：用来拍打农作物使脱粒的农具[212]荡趤游荡

n [24]囊瓤[41]攮

l [33]□稀疏：～稀□粗略地清洗：把碗～一下[24]郎廊狼螂榔[41]朗壤□～□[k^{h}a24]：身体俍身长貌(指动物)[212]浪眼踉游荡让(文)

ʦ [33]赃脏张庄装章樟粧桩[41]长生～涨掌[25]葬帐账胀仗壮障瘴□很饱

ʦ^{h} [33]仓苍舱疮昌菖窗[24]藏长肠场常(文)偿[41]闯厂敞[25]畅创唱倡[212]藏西～脏肝～丈杖仗状撞尚(白)和～

s [33]桑丧霜孀商伤双[24]床常(白)尝裳[41]嗓搡磉爽赏晌[25]丧～失[212]上尚绱～鞋：把鞋帮和鞋底缝在一起

k [33]冈岗刚纲钢缸江扛又豇[41]岗讲港[25]杠降虹绛～驺仂：蜻蜓钢～板钯：煅补锄头的缺刃

k^{h} [33]康糠[24]扛[41]慷[25]抗炕囥[212]□推

ŋ [33]肮[24]昂

h [33]夯[24]行～列航杭降投～绗[212]项巷笐～篙：晒衣服的横篙□凸起的硬东西跟物体底部接触，使水平搬移变得困难

ioŋ

t [24]良凉量丈～粮梁粱[41]两辆[212]亮谅量数～

tɕ [33]将浆疆僵姜礓缰[41]蒋奖桨[25]酱将大～犟

tɕ^{h} [33]枪羌腔□～仂：箩箕[24]墙强～大[41]抢强勉～[25]呛□～棍仂：挑柴棍[212]匠像相似

ȵ [24]娘[41]仰[212]让(白)酿～饭：蒸熟的用来做米酒的糯米饭

ɕ [33]相～信箱厢湘襄镶香乡[24]详祥翔[41]想饷享响□节、段：吃蔗吃中～[25]相向萫～料：葱蒜等辛物等佐菜[212]像人～象

ø [33]央秧殃鸯[24]羊烊洋阳杨扬疡[41]养痒[212]样恙□热闹

uoŋ

k [33]光胱[41]广[25]桄逛

k^{h} [33]匡筐眶[24]狂[25]旷况矿

ø [33]汪[24]王蟥黄(白)亡[41]网(文)辋枉往晃～眼珠：晃眼睛[212]忘(文)妄望(文)旺

uŋ

p [25]迸蚌

p^{h} [33]烹[24]朋棚鹏篷蓬[41]捧[25]碰髼～香：非常香[212]埲灰尘～～仂：灰尘飞扬

m [33]蒙(又)[24]萌盟蒙[41]懵蠓雺雾[212]梦

f [33]轰烘风疯枫丰封蜂峰锋[24]虹弘宏红洪鸿冯逢缝～补[41]哄骗讽[212]哄起～凤奉俸缝～隙

t　　[33]东冬[41]董懂□顶着、支撑[25]冻栋

tʰ　　[33]通[24]同桐铜童瞳筒□~~:封闭的、紧的。关得~~:仍:关得紧紧的。　□放进:把棉絮~到被套里[41]桶捅统[25]痛[212]动洞

n　　[24]农脓侬浓₍文₎

l　　[33]□跑₍用于动物₎[24]笼₍又₎龙₍文₎聋隆窿戎绒垄[41]拢陇笼冗酕[25]弄

ts　　[33]棕鬃宗中~间忠衷终踪钟锺盅□拳头击打[41]总种禾~肿冢[25]粽综中~状元仲众纵种~花生□起皱不平

tsʰ　　[33]聪匆葱囱充冲春[24]丛虫崇从枞重~复[41]宠□~人:气味呛人[25]铳[212]重~量

s　　[33]松嵩[24]怂屉坏、差[41]怂㧐推进[25]送宋诵讼[212]颂

k　　[33]公蚣工功攻弓躬宫恭[41]拱巩[25]贡汞供₍文₎□₍手指、鳅、鳝₎钻:黄鳅~孤仍

kʰ　　[33]空~虚[41]孔恐[25]控空~闲[212]共₍文₎

h　　[212]魟

ø　　[33]翁

iuŋ

t　　[24]龙₍白₎

tɕ　　[33]供₍白₎抚养、赡养□捕鸟兽的工具弓身体弯着像弓一样:~起背[41]窘迥[25]供₍白₎竖立:~灵牌仍、~神

tɕʰ　　[24]穷琼穹[25]共₍白₎

ȵ　　[24]浓₍白₎

ɕ　　[33]兄₍文₎胸凶匈苟洶[24]熊雄[25]嗅

ø　　[33]雍痈庸臃[24]荣营萤荥戎融茸容蓉镕熔榕[41]永泳咏恿拥甬勇涌[212]用

at

p　　[1]八□给

pʰ　　[2]拔钹

m　　[1]抹

f　　[1]法乏发髪[2]罚

t　　[1]答褡搭□用力甩踓跌倒

tʰ　　[1]揭塔塌榻遢□涂抹踏把布鞋后帮踩在脚后跟下;穿(拖鞋)□情感关系破裂[2]踏达

n　　[1]纳捺

l　　[1]腊蜡邋癞[2]辣撖~撖:秽杂、邋遢

ts　　[1]劄扎紥扎[2]闸窄

tsʰ　　[1]插擦察[2]□脚乱蹬:~被窝

s　　[1]撒霎萨杀煞[2]刹煤捼撖~:秽杂、邋遢挲心狠

k　　[1]眨夹动词袷甲钾胛[2]夹~仍:夹子~爱多嘴

kʰ　　[1]掐[2]恰□卡住

ŋ　　[1]鸭押压[2]鮎黄~蜂:黄颡鱼

h　　[1]瞎[2]狭峡匣辖洽

uat

k 　[1]刮
ø 　[1]挖(白)袜[2]滑猾

ot

p 　[1]钵拨[2]勃
pʰ 　[1]泼[2]□(东西)调动位置
m 　[1]抹末~尾沫[2]末粉~
f 　[2]活(文)生~
t 　[1]掇□~桶仂:一种矮小的身大的木桶□买进之后再打算卖出:~货
tʰ 　[1]脱[2]夺
n 　[1]纳出~
l 　[2]捋□~走:偷偷地走□~杂种:杂种;~杂烩:大杂烩□油~~:仂:非常油腻
ts 　[1]撮五指聚拢抓取(东西)□仅对(衣物)脏的地方简单清洗:把衣裳衫袖~一下
tsʰ 　[1]撮~箕[2]杂
s 　[1]刷
k 　[1]合鸽蛤割葛佮~得来:合得来[2]□~~仂个:光滑且整洁的
kʰ 　[1]磕瞌渴[2]盍盖或戴:~哩一个帽仂
ŋ 　[1]淹藏火罨捂住使不透风;~豆豉
h 　[1]喝[2]鹤盒合~伙□焖

uot

k 　[2]□纸牌升级玩法的用语之一。大~:大光
kʰ 　[1]括阔

et

p 　[1]不□助词,表完结:吃~哩
pʰ 　[2]□跳动:鱼~出来哩
m 　[2]没淹:水~过哩脚肚仂
f 　[1]忽
t 　[2]□道路不平导致人或物上下波动幅度很大
tʰ 　[2]突
l 　[1]入
ts 　[1]执汁哲浙(文)折(文)质卒窒指~爪:指甲
tsʰ 　[1]蛰彻撤侄秩
s 　[1]摄涉涩湿设瑟虱失室膝[2]十拾实□渗

iet

p 　[1]鳖憋瘪□女阴

pʰ   [1]撇别[2]别

m   [1]灭蔑□折断[2]篾

t   [1]猎列烈裂劣跌[2]捩拧:~干衣裳戾歪:嘴~哩

tʰ   [1]帖贴铁[2]叠碟牒蝶谍

tɕ   [1]接劫节疖截结结洁[2]竭挟□砌

tɕʰ   [1]妾怯切窃[2]杰捷绝□整理

ȵ   [1]聂镊蹑业孽捏

ɕ   [1]胁薛泄歇蝎屑楔雪[2]协

Ø   [1]餍噎咽声音因阻塞而低沉:~哩喉咙腌秫敩[2]叶页翼

uet

k   [1]骨

kʰ   [1]窟

Ø   [1]物勿杌屋~里:家里□轻拨[2]活

yet

ɕ   [1]说血[2]舌蚀术穴

k   [1]摺褶浙(白)折(白)决诀厥[2]蕨□瘦小:越老越~(越老越小)

kʰ   [1]缺

ŋ   [2]月

Ø   [1]热(白)悦阅哕越曰粤籆□缺口

it

p   [1]笔毕必

pʰ   [1]匹

m   [1]密蜜觅溦

t   [1]立律率□缝(扣子):~扣仂[2]粒栗(又)

tʰ   [2]栗

tɕ   [1]急级疾吉欯吮吸[2]辑

tɕʰ   [1]缉(文)泣及七漆讫乞

ȵ   [1]日

ɕ   [1]集吸蟋戌[2]习袭悉

Ø   [1]一乙壹揖逸

yt

ɕ   [1]述

k   [1]橘桔

kʰ   [1]出

Ø   [1]熨~帖域

ak

p 　[1]百柏伯□裂开;脸都冻~哩(脸都冻裂了)

pʰ 　[1]拍□~牯仂:折断的短树枝[2]白啪

m 　[1]趄[2]麦

f 　[1]□挥打;~你一巴掌(打你一巴掌)[2]□~蛋:打散蛋

ts 　[1]摘只炙笮压;~称(压秤)

tsʰ 　[1]尺赤~豆[2]□搓洗:裤脚要~一下(裤脚要搓洗一下)

s 　[1]栅炉~稼出;抽穗[2]石

k 　[1]格胳隔塥夹~袄

kʰ 　[1]客

ŋ 　[1]轭

h 　[1]吓[2]□~死哩;脏极了

iak

p 　[1]壁

pʰ 　[1]劈

t 　[1]□裂[2]栎□~开;划开天瘦小

tʰ 　[1]扚(动词)扎、束

tɕ 　[1]迹倢灵敏脊屋~

tɕʰ 　[1]吃赤~脚□~鞋底;纳鞋底[2]蓆草~

ɕ 　[1]锡

∅ 　[2]□瞥

ok

p 　[1]博剥驳[2]□敲头;光头□死

pʰ 　[1]魄[2]薄泊

m 　[1]膜寞摸(白)漠陌[2]莫

f 　[1]霍藿□慌张[2]缚捆

t 　[1]涿[2]□量词:一~鼻涕□砍、剁

tʰ 　[1]託托庹铎[2]择

n 　[1]诺搦~粉;揉粉

l 　[1]落放置骆酪洛烙络乐[2]落掉

ts 　[1]作着桌卓琢捉斫□半大的(鸡、猪等)

tsʰ 　[1]戳□骗[2]镯凿着

s 　[1]索龊硕缩[2]勺□~~仂抖;发抖的样子□乱跑

k 　[1]各阁搁觉角桷硌珏[2]□中指和食指弯曲打击头部□~~仂个;崭新且硬硬的

kʰ 　[1]确摧敲击壳磕[2]焗一种炖法

ŋ 　[1]鄂恶善~岳

h 　[2]学

iok

t	[1]略掠[2]□_{细微地扫}
tɕ	[1]爵脚[2]嚼
tɕʰ	[1]鹊雀[2]□_{说话、聊天（贬义）}
n̥	[1]弱若箬虐疟
ɕ	[2]削
∅	[1]约药钥[2]□_{湿漉漉且脏}

uok

k	[1]郭
kʰ	[1]扩廓
∅	[1]握沃[2]腥

ek

p	[1]北
pʰ	[1]迫[2]魄
m	[1]默脉[2]墨
f	[2]或惑
t	[1]得德
tʰ	[2]特
l	[2]肋勒
ts	[1]则鲫侧织职责
tsʰ	[1]侧测拆策册[2]贼直值殖植泽择
s	[1]塞色啬适释[2]食蚀识式
k	[1]革□_{担忧；着～}
kʰ	[1]刻_{时～刻～刀}克
h	[1]黑核_{～桃核～对}

uek

k	[1]国

ik

p	[1]逼碧
pʰ	[2]闢辟僻□_{靠高山山麓或者建筑太近}
t	[1]的滴嫡历曆[2]力疬
tʰ	[1]踢剔惕[2]笛敌狄涤荻
tɕ	[1]即戟积脊绩击激
tɕʰ	[1]籍藉戚[2]极

ɕ　［1］熄媳惜昔席夕［2］息

ø　［1］亿抑益掖亦译易［2］液腋

iuk

t　［1］绿陆［2］六

tɕ　［1］菊掬足_{充分}

tɕʰ　［1］麴曲［2］局

nʑ　［1］肉玉

ɕ　［1］宿_{星~}蓄粟续俗_{通~}

ø　［1］郁育浴

uk

pʰ　［1］朴卜醭仆_{奴~}□_{量词；小堆}［2］萄仆_{~倒}匍扑瀑

m　［1］木目穆睦

f　［1］福幅蝠複腹辐覆复［2］斛服伏栿復□_{禾~：打禾桶}

t　［1］笃督蠹屎乩［2］□_{~紫：非常紫}

tʰ　［1］□_{~是：总是}［2］秃独读牍犊毒

n　［1］衄_{戳伤(手、脚)}

l　［1］鹿禄录褛

ts　［1］竹筑祝粥足烛嘱垯_塞［2］逐

tsʰ　［1］畜促触束［2］族轴□_{~水：呛水}

s　［1］速宿叔淑属_{~猪(生肖)}［2］肃熟孰塾赎

k　［1］谷穀

kʰ　［1］哭

ø　［1］屋

ø　［24］□_{~□[ma41]：没有、未}［41］姆

ø　［33］唔

ø　［33］壅_{~土：用土遮盖}［24］吴_(白)［41］五伍□_{烧：~屑仍}［25］蕹蕹_{~菜：空心菜}壅_{施肥}□_{~~：啧啧；不情愿}［212］□_{~脓：化脓}

参考文献

陈昌仪.余干方言同音字汇［J］.方言,1990(3).

胡松柏主编.赣文化通典·方言卷［M］.南昌：江西人民出版社,2014.

江西省万年县地方志编纂委员会.万年县志［M］.北京：方志出版社,2000.

余超.万年县梓埠方言音系及音韵特点［J］.上饶师范学院学报,2017(4).

河北武邑方言同音字汇[*]

河北武邑方言同音字汇 [*]

山西师范大学文学院　　张晓静

内容提要　武邑方言属于冀鲁官话石济片赵深小片。本文描写河北武邑方言的音系，并列出同音字汇。

关键词　冀鲁官话；武邑方言；音系；同音字汇

壹　导　言

武邑位于河北的东南部，衡水地区的东北部，地处东经 115°45′—116°08′，北纬 37°37′—38°00′之间，东西最宽 27 千米，南北最长 42.5 千米，总面积 830.1 平方千米。东邻阜城县、景县，北与武强县毗连，东北与泊头市为邻，西接衡水市桃城区、深州市，南与枣强县接壤。总人口 33.5 万[①]。

《中国语言地图集（第 2 版）》（2012）把武邑方言归属于冀鲁官话石济片赵深小片。武邑县境内大部分地区口音基本一致，以县政府所在地武邑镇为代表，即本文描写的武邑方言。滏阳河从北到南流经武邑县，河东、河西方言口音略有差异（如：武邑镇河西边挨着衡水桃城区的一小块儿区域就接近衡水话；而赵桥镇、龙店镇西北部的河西话都与武强话接近），但通话没有问题。

本文材料为作者田野调查所得。调查、核对时间：2018 年 9 月 25 日至 10 月 20 日；2018 年 11 月 15 日至 12 月 5 日。发音人王金素，女，1956 年生，出生于武邑镇大理台村，嫁到武邑镇小郭王思公村（两村距离 3 千米左右，口音无差别），务农，初中毕业；发音人郭广仁，男，1955 年生，武邑镇小郭王思公村人，务农，初中毕业。二人语音系统基本一致，本文采用王金素的发音。

贰　音　系

2.1　声母

声母 22 个，包括零声母。

---

*　本文受国家社科基金青年项目"河北冀鲁官话语法研究"（18CYY014）资助。此文写作过程中受到桑宇红老师的指导，作者对此表示衷心的感谢！

①　参见武邑县人民政府网站。

p、pʰ、m、f、t、tʰ、n、l、tʂ、tʂʰ、s、tɕ、tɕʰ、ɕ、tʂ、tʂʰ、ʂ、ʐ、k、kʰ、x、ø

说明：

① 声母[n]在该方言中有两个条件变体，即在开口呼、合口呼韵母前为[n]，在齐齿呼、撮口呼韵母前为[n̠]。

② 声母[tʂ]、[tʂʰ]、[ʂ]、[ʐ]发音时，位置较靠前，且摩擦性较强，实际为顶音。声母[ʐ]的实际音值为近音[ɻ]，摩擦较轻，只有强调时摩擦较重，为浊擦音[ʐ]。但为了照顾学界约定俗称的写法，我们依然记为[ʐ]。

2.2　韵母

韵母 38 个。

ɿ、ʅ、i、u、y、a、ia、ua、ie、ye、ɤ、uo、l̩、ai、iai、uai、ei、uei、au、iau、uau、ou、iou、ɛn、ian、uan、yan、ən、in、uən、yn、aŋ、iaŋ、uaŋ、əŋ、iŋ、uŋ、yŋ

说明：

① 韵母[iai]只有一个"矮[iai⁴⁵]"字；韵母[uau]只有一个"[uau²²⁴]□"字，用作驾驭牛、马时的命令语。二者均不与其他声母相拼。

② [u]与声母[tʂ]、[tʂʰ]、[ʂ]、[ʐ]相拼时，实际音值是[ʮ]。以[u]开头的音节，有时候发生唇齿化，同一个人有时候摩擦很轻，读成[ʋ]，有时摩擦较重，读成[v]。

③ [ie]、[ye]韵母，有时开口度大些，读成[iɛ]、[yɛ]，是自由变体。

④ [l̩]发音时舌头使劲往前平伸，舌头向前平伸，紧紧顶住上齿，阻塞气流，气流从舌头两边出来，同时舌尖稍微向上卷起，基本可以说是个自成音节的边音。

⑤ 韵母[ɤ]和声母[tʂ]、[tʂʰ]、[ʂ]、[ʐ]相拼时，比较靠前，接近央元音[ə]。

⑥ 韵母[uo]中的[o]发音开口度较大，唇形较展，接近央元音[ə]。[uo]不与卷舌声母[tʂ]、[tʂʰ]相拼，也很少与声母[ʂ]、[ʐ]相拼。在零星存在的与声母[ʂ]、[ʐ]相拼的音节中，实际音值是[ʯo]，如："若弱热说朔硕"。其中"朔硕"在年轻人的姓名用字中，可以读[ʂuo]。

⑦ 韵母[ai]、[ei]的发音动程较短，接近[aɪ]、[eɪ]。

⑧ 韵母[an]、[ian]、[uan]、[yan]发音时，鼻音尾较短，严式记音应为[aⁿ]、[iaⁿ]、[uaⁿ]、[yaⁿ]。

⑨ 韵母[au]、[iau]的韵尾[u]发得往往不到位，近似于[o]，甚至有时近似于[ɔ]。

⑩ 韵母[uŋ]与零声母相拼时，音值为[uəŋ]。

2.3　声调

声调四个。

阴平 224、阳平 53、上声 45、去声 31

说明：

① 声调中阴平调前半部分发得较平，时常较长，后半部分上扬。

叁　同　音　字　汇

本同音字汇所收的字，都是武邑方言的常用字，包括《方言调查字表（修订本）》中武邑方言口语用字；武邑方言口语常用，《方言调查字表》未收，但见于《广韵》或《集韵》的字；一些写不出字形的音节，用方框"□"表示并加以注释；用同音字记录的音节，同音字形用上标的"＝"表示，如废＝发－：小孩子调皮捣蛋；一字多读音者，一般用"又"表示，如给分～、给又不～、给又不－。别义异读只加注例词，不标数码。字下用"＝"表文读，用"－"表白读；注文中的"～"代表本字。本字表先按韵母分类，同韵的字按声母顺序排列，声、韵相同的按声调顺序排列。

ɿ

tʂ [224]支枝肢资姿咨脂趾芝之址吱～呀，大声嚷嚷滋～味儿[53]纸～扎儿铺儿，卖花圈之类的店铺[45]紫籽儿纸只～有姊止滓子指滋又[31]自至字志～气

tʂʰ [224]呲～打，责骂眵～马糊，眼屎[53]瓷雌辞词磁慈祠[45]此齿～轮儿[31]刺赐翅次伺～候

s [224]斯撕施丝私思司师狮尸诗虱室涩□～sɿ224 □uei33，磨蹭[53]时[45]死屎使史驶始什儿家～[31]匙是氏四肆视示似祀巳士柿市驷～牛，母牛寺饲事试饰□～sɿ31 □nai0 人；难看，腻歪人，丢人伺～候

ʅ

tʂ [224]知～道织值～班儿职只汁儿炙置位～执～行质～量稚幼～制～大钱儿；中间有眼儿的铜制钱币致～谢[53]直侄儿殖[31]制治智致专心～志志又姓名用字秩植～树置办痔

tʂʰ [224]痴吃尺[53]池驰迟持[45]耻[31]斥赤～卫队

ʂ [224]湿失消～释～放适识～字[53]拾十石实食蚀[31]世势誓逝～世氏式饰

ʐ [31]日

i

p [224]逼～可屎[53]鼻荸～荞[45]彼～岸比秕～子[31]蔽隐～蓖～麻闭箅～子弊作～毙币陛～下庇～护毕～业必～须碧～绿璧名字用字弼～马温壁～虎臂前～避～开

pʰ [224]披雨～批匹——，布劈～开，动词僻偏～坯砖～子[53]皮疲脾～气琵～琶啤痹小儿麻～[45]劈～柴，名词比又痞～子脾～脏[31]屁辟开～

m [224]眯[53]迷谜弥阿～陀佛篾竹～子：从竹子上剥下来的皮儿[45]米大～米～蚱：蚂蚁米～掉，涂掉[31]秘泌蜜秘～蜜

t [224]低堤滴[53]嘀笛敌狄提～棒子、～水；人站在高处用器具往上方提重物□～后～～：脑袋后的大疙瘩，大后脑勺[45]底抵～押的目～牴～架[31]帝弟第递地

tʰ [224]梯～子踢剔～牙[53]题提～裤子、～着蹄啼[45]体[31]替涕鼻～剃屉抽～

n [224]衣～胞儿妮[53]泥倪姓尼[45]你[31]腻逆溺

l [53]犁黎离篱璃琉～瓦梨厘狸～猫[45]礼李里理鲤[31]例厉励丽隶荔利痢吏立笠粒栗力历沥～青莉俐伶～藜藜～

tɕ [224]鸡稽～查队寄饥肌基机几茶～级鲫积脊籍～贯击打～激～动急心～吉～利技掎～角[53]集及急又着～疾极蒺～知～了吉又姓名用字[45]挤几～个己戟兵器给分～[31]祭际稷～子济荠～剂计继系～鞋带妓冀纪～律记忌既季即迹绩寂圆～痣辑编～

tɕʰ [224]妻企～图欺期辑～本儿：订本儿七漆□～湿，洇湿乞～丐蹊～跷；形容难走的路段膝～盖[53]齐脐畦奇骑岐鳍杞枸～其棋旗岂歧启～示[45]起祈[31]去来～砌契～约器弃气汔泣荠荞～□～咕响：下午两点之后

ɕ [224]西犀溪牺嬉熙姓名用字希稀袭偷～吸悉息熄媳惜昔夕锡析膝又～护[53]习席[45]洗喜[31]

细系联~ 戏淤液体沸腾溢出米汤~咾一锅台

Ø [224]医衣~裳依揖作~乙一[53]移夷姨疑沂临~遗仪~表[45]椅以已译翻~尾~巴[31]艺宜便~蚁议谊义易意异毅忆亿抑压~翼益~处疫役兵~

u

p [224]不[53]餶食上生白毛醭醋生的白毛鹁~鸽,鸽子[45]捕补卜[31]布怖部簿账~步

pʰ [224]扑铺~炕[53]葡~萄菩~萨蒲~扇[45]谱普朴~素仆~人脯鸭[31]铺上~瀑~布

m [53]模~子没~曦;丢了[45]某亩牡~丹拇姆[31]暮慕墓幕木目穆牧睦苜沐

f [224]夫肤敷孵~小鸡麸麦~子佛仿福蝠複负~责復~原[53]俘~虏抚符扶芙~蓉服伏~天浮腐~烂袱包~[45]府斧腐又~败辅[31]付博赴父附富副妇阜幅腹覆负~数

t [224]都~城督嘟~囔[53]独读犊毒[45]堵赌肚鱼~睹目~[31]妒杜肚又~子度渡镀~金

tʰ [224]突秃凸[53]徒屠途涂图[45]土~鳖;土气吐~痰;自动[31]吐又呕;被动兔唾俗~沫

n [53]□柿~儿;晒干了的柿子[45]努奴[31]怒

l [224]捋~袖子[53]炉庐茅~颅芦[45]鲁橹卤□~lu45□tɕi0;瘫倒[31]路露鹿禄录陆赂绿~林好汉辘捋又~树叶

ts [224]租组一~足~球竹[53]卒族逐足又知~[45]祖组又~织阻诅[31]助筑祝诸~位

tsʰ [224]粗初[53]锄[45]楚础触接~[31]醋猝仓~促~销

s [224]苏酥梳疏蔬速肃淑叔~伯兄弟[53]熟~人儿俗~气[45]数动词[31]素诉嗉鸡~袋子数又名词漱~嘴宿住~束塑~像

tʂ [224]猪诸又~葛亮蛛株~距朱姓珠嘱~咐[45]煮拄~拐杖主[31]著显~箸~子;量词注柱住蛀帚扫~铸

tʂʰ [224]输~赢出[53]除储~蓄厨雏小~鸟儿殊特~处~理;甩卖杵捅[45]杵又楚又姓[31]处又到~触又~电畜~生

ʂ [224]书舒输又运~[53]秫~秸赎属~相术算~述叙~塾私~[45]暑鼠黍薯白~署专~[31]竖树恕

ʐ [53]如茹[45]乳辱[31]褥床单被~入

k [224]姑孤箍~手巾骨谷估~菇咕~辜镐作~;刀玉米秆的农具[53]跍~tɕi0;蹲着;蹲下[45]古估又~量股鼓鮕~辘儿[31]雇顾~不得固故

kʰ [224]枯窟哭[45]苦[31]库裤酷□~喳tsha33;刮

x [224]呼乎忽糊豛马~~;眼屎[53]浒水~胡湖狐壶葫~芦核糊又~住;动词蝴弧~形[45]虎[31]户互护瓠~子

Ø [224]污巫诬侮~辱屋[53]吴无[45]蜈~蚣吾梧~桐五伍午乌武舞鹉~鹉捂~住[31]误悟恶儿可~务雾戊机~子物痦~子淤又~住曘;陷泥里了

y

n [45]女

l [53]驴[45]吕铝侣屡旅[31]虑滤律率效~绿

tɕ [224]居车又~马炮拘驹菊锔~碗桔~子鞠~躬足识~;满足[53]桔又局[45]举矩[31]据锯巨拒距聚俱句具剧炬火~蚷驴~=~;母螂蛆□~tɕy31□lie33;哆嗦

tɕʰ [224]蛆生~区驱屈曲歌~蛐焌~;煞;把燃烧物弄灭[53]渠瞿[45]取娶曲儿唱个~[31]去又~皮趣骏~黑祛~病

ɕ　[224]虚须需焌~着哩:火或蒸汽的热力碰到物体戌恤抚~金蓄储~宿又住~旭姓名用字[53]徐俗~烂套子[45]许
[31]絮序叙绪续婿畜又~牧

ø　[224]淤又~血昇抬愚娱吁让牲口站住或者左转迂囗~积:咱买房可钱不够,人家小红给~得积[53]鱼渔于盂榆愉余
[45]语雨宇羽[31]御与誉预豫遇寓裕域玉狱育欲浴褥~子入~验宜又便~如不~:比不上擩~草

a

p　[224]巴芭疤~瘌八扒[53]拔[45]把~握把~柄把~着靶~子囗~缝:衣服缝针的地方裂开缝[31]霸坝堤爸耙
~地罢苞篦~橢柄

pʰ　[224]趴扒~鸡[53]耙~子爬脯又[31]怕帕儿手~

m　[224]妈摩~掌[53]麻嘛瘌抹~布蚂~蚱[45]马码拇又~~口,一拃抹~平[31]骂

f　[224]法发~财[53]乏伐筏罚阀~门儿发~~,一批,量词[31]发又头~砝~码儿

t　[224]答搭耷~拉[53]沓~~纸达[45]打[31]大

tʰ　[224]塔塌溻汗~湿了踏~步[45]他她它[31]踏又~板儿踢槽~跶鞋~拉:拖鞋

n　[53]拿[45]哪[31]那纳捺儿娜

l　[224]拉垃[53]剌~手~没mu53~囗儿kɛr0:走到哪里都容易跟人聊起来而忘着时间,甚至忘了原本该干的事捌~狗:在地里捌苗儿
的虫子[45]囗~嘛,脏喇~叭[31]腊蜡辣~椒落~下

ts　[224]楂渣扎[53]杂闸炸用油~铡~刀砸榨又~油[45]眨~眼[31]诈榨~油机;~油炸又~弹乍一惊一~栅~
栏蚱蚂~

tsʰ　[224]搽涂擦叉~子察观~礤~床子[53]茶茬查察检~院碴棒~子[45]踔~湿:踩茶衩儿镲~种乐器[31]权差
~不多岔三~口儿

s　[224]沙纱撒杀砂鲨痧刹[53]霎儿哪~,哪会儿~[45]洒囗~么,拿眼睛到处瞄[31]厦抱~:房子前后突出的部分防晒
防潮用的萨~拉~~下去:漏下去

ʂ　[53]蛇又[45]傻

k　[224]痂~巴儿[53]夹又[45]嘎

kʰ　[224]囗晒得~~的:干透了[45]揩俗~油儿卡~车

x　[224]哈~腰[53]蛤~蟆[45]哈又~~口:一拃

ia

tɕ　[224]家加佳夹甲嘉枷[53]驾驱赶牲口往前走[45]假真~贾姓~[31]假又放~架驾又~车嫁稼价

tɕʰ　[224]揢~架[53]卡~脚:鞋小,夹脚[45]卡又关~[31]恰~好儿

ɕ　[224]虾瞎[53]霞峡匣侠狭[31]下夏厦~门吓

ø　[224]鸦丫~头鸭押压~住[53]牙芽衙涯崖蚜伢~狗:公狗[45]雅哑[31]压又~根儿亚轧讶惊~

ua

ts　[224]抓~着[45]髽~髻爪鸡~子

tsʰ　[224]抓又~住:跳起来抓住

s　[224]刷[45]耍

k　[224]瓜刮[45]寡剐鸹老~[31]挂卦褂

kʰ　[224]夸[45]侉说话带外地口音垮[31]跨挎

x 　[224]花[53]华中~铧划~了一刀儿滑猾[31]化华又~山画话划又~分

Ø 　[224]蛙洼挖娲[53]娃[45]瓦琉璃~[31]瓦又动词袜~子□~住哩:粘在锅底了

ie

p 　[224]鳖憋[53]别[45]□~楞:拿目斜楞人[31]别又~扭

pʰ 　[224]□麻利,熟练撇~汤[45]撇又~嘴

m 　[31]灭

t 　[224]爹跌[53]碟~子蝶蝴~谍间~叠

tʰ 　[224]帖贴铁且

n 　[53]苶发~乜表示赞同[31]镊~子孽捏又~住乜表示中指聂姓蹑~手蹑脚

l 　[45]咧~嘴[31]猎列烈裂劣恶~

tɕ 　[224]皆阶秸麦~街接揭节结疖~子[53]捷快~劫~难杰截洁[45]姐解[31]借褯~子介界芥疥~疮届戒

tɕʰ 　[224]且又切客邀~[53]茄~子[31]怯~场妾窃筻斜

ɕ 　[224]歇蝎~子血[53]邪斜谐鞋协□:为人厉害,泼辣[45]些写[31]泻卸谢懈械解姓解又~事儿:通晓蟹泄~露

Ø 　[224]页噎~住掖~被子液又~输[53]爷[45]惹又也野[31]夜叶业液~体腋荬儿合~拽鞋~跟儿:孩儿鞋后边多余出的一块布,帮助提鞋用的

ye

n 　[31]虐~待疟~疾

l 　[224]掠[31]略省~劣又

tɕ 　[224]决~心诀口~觉知~撅蹶[53]绝掘~土橛~子[31]倔~脾气

tɕʰ 　[224]缺确~实[53]瘸~腿[31]雀麻~鹊喜~却

ɕ 　[224]靴薛雪削剥~血又[53]穴学~习

Ø 　[224]约~定[45]哕干~[31]悦阅月越岳粤乐音~跃鲤鱼~龙门

ɤ

p 　[224]波菠~菜玻~璃拨~刺儿泊梁山~博~士钵播渤剥~削[53]薄~荷勃驳~住脖搏博又人名用字膊又筻帛拨又~缝:一种缝纫方法,看不见针脚伯~父[45]簸~~:动词[31]簸又~箕:名词

pʰ 　[224]坡泼跛[53]婆脯[31]破魄

m 　[224]摸偷偷~~没又~哩:淹没么儿一~:一回[53]魔磨~刀馍模~范摹~仿膜儿蘑又[45]抹[31]磨石~末沫莫~非寞寂~默~写陌~生茉漠冷~墨~水

f 　[53]佛

t 　[53]德得~失

tʰ 　[31]特

n 　[224]恶善~[53]鹅大白~讹额名~

l 　[31]乐~呵儿勒~索

ts 　[224]责又[53]则泽色~择选~

tʂʰ　[31]厕侧测策_{又册}小~子

s　[224]色_{颜~}塞_{闭~}[31]色_{好~}

tʂ　[224]蔗_糖折_叠褶_{~子}蜇_{~人}浙_{~江}[53]蛰_惊辙折_{打~}[45]者[31]遮

tʂʰ　[224]车[45]扯[31]彻撤饬_{口倒~：打扮}

ʂ　[224]赊[53]蛇舌折_{~了}[45]舍_{四~五入}设[31]射麝_{香：一种药材}赦舍_{鸡~}佘_姓社摄_{~影}涉_{干~}

ʐ　[45]惹[31]热

k　[224]歌哥戈鸽_{又~子}割搁胳革隔痂_{又~巴儿}旮_{~旯儿}葛_{~庄}[53]硌_{~脚}阁_{~下}格□_{~kɤ53□lou0：皱}[45]葛
又_姓各嗝_{儿打~}[31]个蛤_{~蚤}

kʰ　[224]科颗棵磕渴括_{~号儿}苛咳坷克_{~服}□_{巴~}□ɕiɤʔ53_{：有嘴短、撅撅着等特征的猪或小宠物狗}窠_{~蝼儿：七八十斤的半}
大猪儿[53]壳_{蛋~儿}搭_{抽屉~住了：夹住}尅_{~让老师~了：呵斥}[45]可[31]课扩_{大~}刻克_{~客~人}骒_{~马}

x　[224]喝_{~水}豁_{~出去}[53]荷_{薄~}河何荷_{~花儿}和_{~气}禾合_{~起来}盒核_{桃~}蛤_{~蟆}[31]贺_{又喝}又_{~彩}鹤嚇_~
住褐

∅　[53]俄鹅_{~蛋脸}额_{小~贷款}娥峨_{~眉眉山}[45]恶_{~心}[31]饿_{饥~}恶_{有~报}

uo

t　[224]多_{忒~嗵：太多了}掇_{~~哆~嗦}[53]夺[45]躲朵_{量词多~么}[31]舵垛跺剁柁_{房~：瓦房起脊的架儿}

tʰ　[224]拖脱託_{委~托~着：用手承物}托_{一~一长：量词}[53]驼羊~驮_{~起来}椭_{圆□住：粘在一起了}砣_{~秤}鸵_{鸟~}佗_{华~}唾
又[45]妥[31]拓_{开~}

n　[53]挪[31]诺糯

l　[224]啰_{~唆}[53]罗萝锣箩骡螺摞_{~起来}腡_{手指肚上的长形指纹}[45]裸_{~体}房_{俘~}[31]落骆_姓洛_{~阳}络_{联~}

tʂ　[224]作_{工~}桌_{~子}捉嘬_{吮吸}[53]琢_{~磨}啄涿_{~州}镯_{~子}[45]左佐撮_{一~头发}昨[31]坐座做_{~人作~业}

tʂʰ　[224]搓戳_{~子}挫_{~折}撮_{~合}[53]矬矮[31]措_{~施}错锉

s　[224]梭_{~子}缩蓑_{~衣}嗍_{冰棒~吮吸}索_{~线}[53]□_{调皮捣蛋}[45]锁所嗽_{俗咳}[31]塑_{又~料}

ʂ　[224]说[31]硕_{~士}朔_{~名}

ʐ　[31]若_{又弱又}

k　[224]锅郭[53]国[45]果裹馃_{~子}嘿_{又妈妈儿：吃奶}国_又[31]过

kʰ　[224]括_{包~}[31]阔扩_{又廓}

x　[224]劐_{用刀~开}豁_{~子嘴儿}[53]和_{又~面}活何_{~庄儿}荷_{~包鸡蛋}合_{~菜~子}[45]火伙[31]货祸霍藿_{~香}惑_{迷~}
获喝_{又吆}贺_{祝~}和_{又~~：搅拌}或_{~然率}

∅　[224]踒_{~了脚}窝_{儿：名词}蜗[53]蛾_儿[45]我[31]饿_{~嗵}卧握沃窝_{又~眼儿：深邃的眼睛}

l̩

∅　[53]儿_{~女}[45]耳_{~朵}[31]二_{第~}贰_{他对你有~心}

ai

p　[224]百_{数词}柏_{~树}瓣百_{~叶：牛的消化器官}[53]白[45]摆伯_{叔~兄弟}[31]拜稗_{~草}败

pʰ　[224]迫_{压~}拍[53]排牌膊_{又胳~}[31]派

m　[53]埋[45]买[31]卖迈麦脉

f　[53]膊_{又胳~}

t [224]待呆[53]□逗弄小孩儿之语，突然出现在小孩儿面前，给他惊喜。或捉迷藏时，小孩儿感觉对方找不到自己了，趁人不备突然出来时说的话，有得意别人找不到他之意。[45]在逮歹傣[31]戴带贷待怠代袋大~夫

tʰ [224]胎态苔舌~[53]台抬[31]太泰

n [224]挨~着[53]挨又~打[45]乃奶[31]耐奈碍~事儿爱~好儿艾~草

l [224]赖又只用于"不赖"[53]来[31]赖癞

ts [224]灾栽斋窄摘责~任[53]择~菜宅泽姓名用字[45]宰载年~崽侧~歪[31]再载~重在又债寨

tsʰ [224]猜钗差出~拆策政~□豆~子;破豆子册第一~[53]才材裁财柴豺[45]彩睬踩[31]菜蔡

s [224]腮鳃筛色上~塞瓶[53]塞强~;吃不了硬吃[31]赛晒

tʂ [45]钑碗上有个~儿

k [224]该[45]改[31]概溉盖丐钙

kʰ [224]开[45]凯楷

x [53]孩[45]海[31]亥害

ø [224]哀悲~埃尘~落地[31]碍妨~爱~心艾~灸蔼和~可亲

iai

ø [45]矮

uai

l [45]□~韭菜;薅一把韭菜

ts [53]拽~娘花桃子;摘[31]拽又拖

tsʰ [224]揣~兜儿[31]踹~人

s [224]衰摔[45]甩[31]率蟀帅

k [224]乖掴~死;拍蝈[45]拐[31]怪

kʰ [224]掴又~住喽;拍[45]搋~篮子;在胳膊上挎着篮子□~痒痒;挠[31]块会~计快

x [53]怀槐淮踝[31]坏

ø [224]歪[45]崴~着脚了□用瓦刀~泥[31]外

ei

p [224]杯碑卑悲笔北卜胡拉~婢逼又邻啦~舍的[31]贝鎅把刀~~辈背倍被避~雨儿备壁影~

pʰ [224]披~上胚~胎坯土~[53]培陪裴赔[31]配佩

m [224]没又~有[53]没又~喽;动词梅枚媒煤眉楣霉玫~瑰莓草~[45]每美[31]密菜墁得~妹昧~着良心媚寐梦~;以求墨~汁

f [224]非飞妃匪翡~翠[53]肥[31]肺吠痱~子费废＝发~;小孩子调皮捣蛋废~喽沸水煮~喽

t [224]得这个东西真~;棒[53]□儿驱赶牲口往前走

tʰ [224]忒

n [45]恁俗你/你们[31]内

l [224]勒~死[53]雷[45]儡傀~累~积磊蕾蕊~垒[31]累类泪肋~骨擂打~台瑞姓名用字

ts [224]□~着点儿劲儿;悠着点儿劲儿;~住劲儿喽;摸清劲儿的大小;~着点儿功夫;看着点儿时间[53]贼

s [224]塞~进去[53]谁

k　[53]给又不~[45]给又不~

kʰ　[224]尅~人；捏着一点肉皮用手指甲使劲往里抠[53]刻用刀刻[53]剋让老师~了；呵斥

x　[224]黑[53]谁又

uei

t　[224]堆又[45]怼~嚓；相互抵消[31]对队兑

tʰ　[224]忒又推[45]腿[31]退蜕~皮

l　[224]勒~头带子；死者的家属绑在头上的白带子[53]雷又驴儿又根据"驴"的儿化形式逆推出其原单字音节为"luei53"[45]垒又蕊花~儡又[31]累又极困瑞姓名用字泪又类又肋又擂又打~台

tʂ　[224]堆追锥[45]嘴[31]最罪缀赘醉坠

tʂʰ　[224]催崔姓吹炊[53]垂槌鼓~锤[31]脆翠粹纯~

s　[224]塞又尿~脬[53]随髓绥~阳；地名遂半身不~隋~朝[45]虽水[31]碎税睡隧~道穗岁荽荽~；香菜

ʐ　[45]蕊姓名用字[31]芮姓瑞~雪

k　[224]圭闺规龟轨癸归鬼~子姜轨~道国姓[45]诡鬼[31]刽桂跪柜贵

kʰ　[224]盔亏窥[53]魁傀~儡奎逵葵[31]溃~脓愧□~住；乳腺不通，堵奶

x　[224]恢灰挥辉徽[53]回茴~香蛔~虫[45]悔毁[31]贿晦汇会绘桧惠慧讳烩

Ø　[224]煨危萎枯、微威□儿；玩一会儿□；丝丝~~的；磨磨蹭蹭的[53]伪虚~为作~唯维惟围桅~杆[45]委违伟苇~子伪~装尾又闱~炎[31]卫喂为~么儿；为什么位未味魏畏慰纬胃猬刺~

au

p　[224]包胞剥~皮苞花~[53]薄雹~子[45]煲褒~奖保堡宝饱[31]报暴抱豹爆苞母鸡~窝同"抱"刨~平鲍姓

pʰ　[224]泡一~；量词抛剖犦儿~猪；公猪泡骆~庄；地名脬[53]袍刨又~山药；刨红薯[45]跑[31]炮泡又动词

m　[224]摸~鱼摩~掌[53]毛鸡~茅猫谋矛蘑~菇[45]卯毛又一~；一角[31]冒帽貌茂贸

f　[45]否

t　[224]刀叨[53]捯~开；把卷着的东西铺开捯~气儿捯~绿豆；砍绿豆[45]祷~告岛倒摔~导捣~蛋蹈手舞足~朵耳~[31]到倒又~水道稻盗

tʰ　[224]滔掏涛托~生[53]桃逃淘陶萄[45]讨[31]套

n　[224]孬人品肮脏燶~菜闹~心；恶心[53]熬~眼；熬夜挠[45]脑恼袄[31]闹~事儿

l　[53]劳牢捞唠痨~病[45]老佬美国~姥[31]涝乐~亭；河北地名烙~饼酪奶~落绕~线骆又

tʂ　[224]遭糟[53]凿[45]早枣澡找爪又手~子[31]躁灶皂造罩~衣笊~篱蚤

tʂʰ　[224]操糙[53]曹槽马~[45]草吵炒[31]龡

s　[224]骚臊~气梢捎稍筲水桶□儿拉~；拉帮套[45]嫂扫又[31]潲~雨哨儿

tʂ　[224]朝~阳召昭招沼~气儿钊[53]着[31]赵兆照诏~书

tʂʰ　[224]抄钞超绰宽~焯~菜[53]朝~代潮倒又命令牲口后退巢[45]扫~地[31]倒又让人往后退

ʂ　[224]烧□~生；老实、胆小、懦弱少~白头；年少白头发[53]勺~子愀俗；傻芍~药[45]少多~[31]少又年~绍~兴倒又命令牲口后退

ʐ　[53]饶求~[45]扰又[31]绕~圈儿若弱

k　[224]高膏糕羔镐又洋~；劈柴烧用的[45]稿搞[31]告膏~上点儿油；往车轴上放上点儿油鸽俗鸹~

kʰ [45]考烤[31]靠犒~赏拷

x [224]蒿~子薅~草[53]豪壕战~毫号~表口前~;称前面的一根儿绳,从这根绳方向称最大能称到十斤[45]好~人郝姓
[31]好又~事儿耗浩号又~码儿

ø [31]奥~运傲懊~悔

iau

p [224]膘肥~标鳔彪林~[45]表裱[31]□~住;绑住

pʰ [224]飘漂~起来瞟[53]瓢朴姓[45]漂又~白嫖[31]票漂又~亮

m [53]苗描瞄~准[45]秒淼姓名用字[31]庙妙

t [224]刁~难貂雕叼吊~车[31]钓掉调~动吊又~上~

tʰ [224]挑~选[53]条调~和笤[45]挑又~事儿;搬弄是非[31]跳粜~粮食

n [224]□吓得~~的[45]鸟[31]尿

l [53]疗聊辽撩~起来潦~草[45]燎~水;用柴生火烧水了~解[31]料尥~蹶子廖姓撂镣略侵~

tɕ [224]交郊胶~布教~书较绞~心;疼焦蕉娇~气狡~诈浇缴上~脚角饺~子矫~正觉~着[53]嚼[45]狡又
~猾铰搅剿~匪骄侥~幸绞~刑扰打[31]髻鬏教~育觉睡醮牛倒~轿叫校~对窖

tɕʰ [224]敲悄劁~猪[53]瞧乔姓侨华~荞~麦桥娇又~毛儿[45]巧[31]俏鞘刀~儿窍雀大~儿翘撬

ɕ [224]消宵霄硝销嚣萧~山箫晓削~皮肖屑木~[53]学上~儿[45]小[31]酵发~孝效校学~笑

ø [224]妖邀~客;堂岳父母请新姑爷吃饭腰要~求幺~二三吆~喝约大~[53]饶~上一个;买东西时买主要求卖主多给一个摇
谣造~儿窑~洞姚姓尧遥[45]咬舀~水[31]要想~耀药钥~匙疟发~子跃跳~蒌儿捆菜的草绳子乐仁者~山,智者
~水

uau

ø □uau²²⁴命令牲口往右转

ou

pʰ [224]剖又

m [53]谋又[45]某又

f [45]否又

t [224]都~是兜[45]斗~~抖陡[31]斗又~争豆逗窦痘

tʰ [224]偷[53]头沋俗~衣裳涮投扔□~tʰou⁴⁵ɕin0;干脆[31]透

n [224]偶儿木~殴斗~[45]怄抽烟频繁藕[31]沤~粪怄~气

l [53]搂~过来镂~麦子;为了保持土壤的湿度[53]楼耧播种用的农具[45]篓搂又~抱[31]漏陋露

tʂ [224]□~得慌;捆绑的紧邹绉诌[45]走[31]奏就做又~饭

tʂʰ [224]搊~起来;从下面向上用力扶起人或掀起重品揪从一端或一侧托起沉重的物体[53]愁[45]瞅[31]凑

s [224]飕馊搜~查[53]嗖~嘛;什么[45]擞抖~搜又拿干粮~~这油碗;用馒头擦擦这油碗[31]瘦

tʂ [224]周舟州洲粥[53]轴妯~娌[45]肘[31]昼纣~王宙皱~纹儿咒碡碌~

tʂʰ [224]抽皱炕单子~~[53]绸稠筹仇酬~谢□~衣裳;洗衣裳[45]丑[31]臭~味儿

ʂ [224]收叔二~[53]熟~嗹;东西煮熟了[45]手首守[31]兽受寿授售

ʐ [224]□~倒;肘倒□~绳;摇绳[53]柔揉[31]肉

k　　[224]勾钩沟[45]狗苟姓[31]构购够够＝牛~槽:牛轭,"人"字形,套在牛脖子上

kʰ　[224]抠呕~腰[53]□指人性格泼辣[45]口[31]叩~头扣~住寇

x　　[224]齁儿[53]侯喉猴瘊~子[45]吼[31]后厚候

ø　　[224]欧~洲呕~吐[45]偶配~

iou

t　　[224]丢[53]留又

n　　[224]妞儿丢又~顶~儿:一点点[53]牛[45]纽扭莠姑~子:狗尾巴草[31]谬

l　　[224]溜~了流又~沙[53]流刘留榴石~硫~磺琉~璃瓦瘤~子[45]柳绺[31]遛~狗溜水~馏~一下:热热六浏~一遍:大略地看一遍碌~碡蚰蜒

tɕ　[224]揪~住鬏头发盘成的结阄抓~纠~正灸~针究追~咎~由自取疚内~鞧~鞧着脖儿:后缩[53]舅揪又~下来[45]酒久韭九[31]救旧枢灵~臼脱~就又~着舅又

tɕʰ　[224]秋鞦牛~丘□克星之间的关系,如这药治棉铃虫特别~鳅泥~湫又~着点儿:盯[53]囚求球仇姓□攥某物[45]糗面~了

ɕ　　[224]修羞休朽宿又一~:一夜[31]秀绣锈袖嗅~觉

ø　　[224]优悠幽忧~心邮~东西[53]揉尤由油游犹鱿柔[45]有友酉[31]又右祐保~诱柚~子鼬黄~幼釉蚰又~蜒

an

p　　[224]班斑颁扳~子般搬[45]板版伯大大~子;对丈夫哥哥的称呼[31]扮瓣办伴拌半绊

pʰ　[224]潘攀~关系判~刑[53]盘[31]盼判又~断叛

m　　[224]慢又[53]蛮瞒馒蔓~菁[45]满[31]慢漫墁用石、砖等铺饰在地面上曼姓名用字

f　　[224]帆翻番儿~返~回来反~面儿[53]凡烦繁矾明~[45]反又相~[31]范犯泛贩饭

t　　[224]担~任丹单~独旦一~但~是[45]胆掸鸡毛~子[31]淡诞弹蛋旦又元~

tʰ　[224]贪滩摊坍瘫[53]潭谭谈痰檀坛弹~琴[45]毯坦袒[31]探炭叹碳

n　　[224]庵安~全鞍马~子鹌~鹑[53]难男南[45]俺埯点种时挖的小坑暖~~;动词[31]暗难患~岸案~子按

l　　[53]蓝篮兰拦栏婪缆光~[45]揽缆又电~懒览展~[31]烂滥~用权力

ts　[224]簪[45]斩盏攒咱喒那~;那时候[31]暂站蘸~酱油赞栈客~

tsʰ　[224]参餐掺[53]蚕惭馋残[45]惨铲产[31]灿~烂

s　　[224]三衫山[45]散~架馓~子:一种油炸食品伞又降蓉~[31]散~头子:离过婚的人

tʂ　[224]鬓~花沾粘毡[45]展~开[31]占绽战

tʂʰ　[224]搀颤~稳儿:轻微的摇晃[53]蝉禅缠[31]颤又

ʂ　　[224]珊删煽~风点火儿掮~耳刮子搧吹牛扇~;动词苫草~子[45]陕~西闪伞雨~[31]疝~气膻~味儿善扇又风~膳~食单姓鳝骟羶

ʐ̩　[53]然燃[45]冉姓染传~

k　　[224]甘柑泔~水干~风肝竿杆[45]感敢秆赶擀~面条[31]干~架

kʰ　[224]龛儿勘~探队刊报~[45]坎儿砍[31]看

x　　[224]憨忠厚,实在[53]含包~涵函寒韩还~有邯~郸鼾~睡[45]喊罕~见:小气[31]撼憾旱汉焊汗

ø　　[224]安天~门鹌~山[31]案图~

ian

p　[224]鞭编边蝙~蝠煸~~肉:把肉里的油炒出来[45]贬~低扁匾蹁~死:踩死[31]辨~别辩~论变便方~辫~子遍

pʰ　[224]篇偏[53]便~宜[45]谝显摆[31]骗片

m　[53]绵~羊棉眠[45]免勉娩分~缅~甸腼~腆[31]面

t　[224]掂~起来颠癫~痫[45]点典碘踮~起脚掂又~缀[31]店电殿奠垫甸淀惦佃~衣

tʰ　[224]添天[53]甜田填[45]舔腆~肚子

n　[53]蔫[53]黏~米鲇~鱼年粘姓[45]碾撵儿捻撵捻同捻或撵[31]念

l　[53]廉~洁镰~刀帘窗~连介词联~系怜莲鲢[45]敛~钱脸[31]殓人~练恋链炼连又~上他;动词,算上

tɕ　[224]监探~尖歼~灭兼~并搛~菜艰间奸煎犍~子肩~膀坚~固[45]减碱检俭简拣剪~刀茧蚕~儿捡[31]舰渐剑件箭贱溅~一身水践建键健腱~鞘炎键儿见荐推~鉴~定

tɕʰ　[224]签谦~虚迁牵千铅[53]钳乾~坤虔~诚钱前[45]遣浅~子[31]嵌潜~力欠歉道~倩姓名用字茜姓名用字

ɕ　[224]枚木~仙鲜掀~起先[53]咸衔嫌~弃闲弦贤姓名用字槛儿门~[45]险显[31]陷~阱馅限羡~慕线宪献县腺现

ø　[224]淹腌阉~割焉心不在~烟[53]炎盐阎檐房~严颜延~长言研沿~上个边儿,防止衣物出线头儿岩芫~荽[45]掩眼演染~色儿[31]验厌艳焰雁谚燕宴砚咽~气儿

uan

t　[224]端[45]短[31]断锻段缎

tʰ　[53]团[45]疃又贾康~:村名

n　[45]暖又~絮

l　[53]李滦~河[45]卵[31]乱

ts　[224]钻~研专砖[45]转又~弯儿[31]钻金刚~儿赚传二人~转~圈儿钻动词

tsʰ　[224]川穿氽~丸子揣[53]传~说椽檐~船[45]喘[31]窜篡~改串~起来

s　[224]酸闩儿拴栓[31]算蒜涮

ʐ　[45]软~件阮姓

k　[224]官棺观冠鸡~子关[45]管馆[31]贯灌罐~子观道~冠又~军惯

kʰ　[224]宽[45]款

x　[224]欢[53]还~愿环[45]缓[31]唤焕姓名用字换幻患

ø　[224]剜弯湾[53]完丸玩儿古~顽~皮[45]皖豌~豆碗晚挽[31]腕蔓瓜~儿万

yan

tɕ　[224]捐[45]卷~起来[31]圈猪~倦眷家~绢娟姓名用字卷~子

tɕʰ　[224]圈花~犬~犹旁几~[53]全泉拳权颧~骨蜷[45]犬[31]劝~告券

ɕ　[224]轩□~和:馒头松软[53]旋~风玄~学;~磨:打算搜刮点儿东西悬□:指人风趣幽默;指东西质量差[45]癣宣选喧[31]陷又~脚:指泥土松软容易把脚陷进去旋~吃~做镟~床子楦鞋~子眩头~

ø　[224]冤渊鸳~鸯[53]圆员元原源袁辕援~救缘~分猿媛姓名用字[45]软~和远[31]院愿怨

ən

p　　[224]奔~一脚锛一种木工用具[53]甬口~价[45]本[31]奔又往前~笨

pʰ　[224]喷~水[53]盆[31]喷儿又植物长势最旺的时节

m　　[224]闷焖[53]门[31]闷儿纳~篾儿席~：从秫秸上剥下来的皮儿

f　　[224]分~明芬纷[53]坟[45]粉焚[31]粪奋愤忿不~儿份

t　　[224]鸹禽类啄物：鸡~食儿[31]扽顿又打~可：暂停

tʰ　[224]吞口

n　　[224]恩报~[31]摁嫩细皮~肉儿的

tʂ　[45]□~着个脸儿：绷着脸，脸色难看

tʂʰ　[45]蠢长得五大三粗，行动不利索，显得有点儿笨[31]□同"肏"，女性常用，用于避讳

s　　[224]森参人~椮~子[31]葚~子椹~子渗~透；凉~瘆~得慌，~人

tʂ　　[224]针珍榛~子真贞姓名用字侦~探[45]诊疹~子[31]枕镇阵振震

tʂʰ　[224]抻[53]陈尘辰晨臣沉刚~哒：特别重[31]沉又~底儿趁~着衬趁~钱：富有

ʂ　　[224]深身申伸沈~阳[53]神[45]沈又姓审婶生~好~着，老实着[31]甚肾慎~重

ʐ　　[53]任姓人仁~义[45]忍[31]任~务纫缝~认韧~劲儿

k　　[224]跟~着：动词根[45]艮生的山药特别~：不脆[31]跟又介词，相当于"和"

kʰ　[45]恳垦啃肯

x　　[53]痕含又嘴里~着东西[45]很狠[31]恨

∅　　[224]恩周~来

in

p　　[224]彬宾斌[31]殡鬓~角

pʰ　[224]拼~起来贫指小孩调皮捣蛋[53]贫又~穷频~道[45]品拼又~命[31]聘~礼姘~头儿

m　　[53]民[45]敏抿

l　　[224]拎[53]林临檁~条邻鳞磷淋~拉子雨[31]赁~房论不~囵圆~淋又~灰闰~月

tɕ　　[224]今金襟儿禁~得：禁得住津巾斤筋[45]锦禁又~止紧仅谨~慎[31]妗~子近进晋尽劲

tɕʰ　[224]钦~差亲[53]琴禽擒秦勤芹[45]侵寝浸~泡[31]吣胡~

ɕ　　[224]心辛新薪欣鑫芯锌[53]寻~婆家[31]信

∅　　[224]音阴荫~凉儿因姻洇殷尹~代张[53]淫银寅~虎垠麦~：大麦人~家仁儿花生~[45]饮~料引~来隐尹又瘾缤用大针脚缝被子[31]饮又~牛：喂牛水窨地~子：地窖印引~针刃认又

uən

t　　[224]敦墩蹲~下吨[45]盹儿[31]顿囤盾钝炖饨馄~

tʰ　[224]吞[53]屯豚臀[45]瞳刘~：村名[31]褪俗

l　　[53]淋又~雨论又~语仑昆[45]伦沦~陷轮抡[31]嫩又菜叶~论又~理囵又

tʂ　　[224]尊遵[45]准[31]俊

tʂʰ　[224]村椿皴春[53]存唇纯蹲~着腿唾鹌鹑~[45]蠢又[31]寸

s　　[224]孙姓孙~相：骂人的话[53]孙~得慌：无聊；长得刚~哒：难看[45]损~人榫~头儿[31]顺

ẓ　[45]允~许[31]润滋~闰又~年

k　[45]滚磙~子[31]棍

kʰ　[224]昆坤[45]捆[31]困

x　[224]昏婚荤[53]魂馄~饨浑混~蛋[45]混别~啙[31]混又

∅　[224]温瘟[53]文纹儿花~儿蚊闻[45]稳吻[31]问纹又裂~

yn

tɕ　[224]均钧千~一~发君军[31]菌竣~工骏~马俊又

tɕʰ　[53]群裙

ɕ　[224]熏勋功~[53]荀旬循~环巡寻又~人[45]损~失笋[31]讯迅殉~葬训驯

∅　[224]晕头~[53]匀云芸~豆[45]允又[31]润~~闰又~年熨运孕晕又~车

aŋ

p　[224]帮邦梆~子[53]梆又硬~的[45]榜绑膀~子[31]傍谤诽~棒真~夸奖人蚌

pʰ　[224]胖~壮乓[53]滂大雨~沱旁螃~蟹庞姓[45]耪~地用锄翻松土地[31]胖又肥~

m　[53]忙芒~种茫盲导~犬氓流~[45]莽~撞蟒

f　[224]方芳妨~人克夫[53]肪脂~房妨又~碍[45]仿纺~织访坊作~防~止[31]放

t　[224]当~家裆裤~铛铃~[45]耽俗~拱耽误党挡~水[31]当上~荡放~档挡又~头儿

tʰ　[224]汤趟过去;动词[53]堂棠螳~螂唐糖塘膛灶火~子搪~不起;承担不起[45]躺[31]烫趟一~;量词

n　[224]齉~鼻儿[53]囊皮~;~气;骨气[45]攮用刀子~暖又~和

l　[53]郎廊狼螂□~人;坑人[31]朗~读浪

tʂ　[224]脏~东西[31]葬藏~脏心~

tʂʰ　[224]仓~库苍~子伧粗野沧~州[53]藏~起来

s　[224]丧~报[53]丧又哭~着脸[45]桑嗓搡[31]丧又~失

tʂ　[224]张章樟~脑丸[45]掌长~生涨~价儿[31]丈仗打~杖帐账胀障瘴~气

tʂʰ　[224]昌倡[53]长~短肠场打小麦的场所常尝偿赔~嫦~娥[45]敞厂场量词[31]畅唱上~又皇仗又炮~

ʂ　[224]伤商墒保~;保持土地的湿度[45]赏晌裳□~ʂaŋ45-213 yn33;舒服,主要用于吃饭吃得很舒服偿又赔~[31]上~去尚仗又炮~

ẓ　[45]壤嚷~~[31]让~人不说好儿;介词

k　[224]冈井~山刚缸钢~铁缰~绳肛~门纲~举目张[53]刚＝程度副词;很,特别,非常[45]港~口岗~子[31]钢又~刀;磨刀杠抬~杠又面~;面硬

kʰ　[224]康糠慷~慨[53]扛[45]抗有病不能~着;得赶紧地看[31]抗又~争炕

x　[224]夯打~[53]行航杭

∅　[224]肮~脏[53]昂

iaŋ

n　[53]娘[45]仰后~炮[31]酿样牛~绳

l　[53]良凉量~长短粮梁粱[45]两[31]亮谅辆量又分~晾

tɕ　[224]奖疆僵姜江□动物下幼崽浆泥~将~军;动词讲挑食儿讲~~;争论[45]将~来蒋讲又~话耩~地趼俗~子

[31]浆又~线酱将又~领匠降虹又犟□~和;把屋子弄得乱七八糟

tɕʰ　[224]枪腔哭~呛~了一口水[53]墙强[45]抢[31]□一个~俩;顶,相当于呛~得慌;味儿冲;说话~人;说话难听

ɕ　[224]箱厢湘镶~牙香乡相~媳妇儿[53]详祥降投~翔姓名用字[45]相互~想享饷响[31]象像向相又~面;算卦项~链包巷~子

Ø　[224]央秧殃莺鸳~[53]瓤瓜~儿羊洋杨阳扬蛘米~;蚂蚁[45]嚷吃~仰~脸儿养痒疡溃~□~子;棉絮
[31]让~给;动词烊烊打~了漾植物从根部长出新芽儿的过程

uaŋ

tʂ　[224]庄装假~桩妆[45]装又;整理,把杂乱的细条状物体捋顺;装又~脸;长脸[31]壮状撞

tʂʰ　[224]疮窗[53]床噇无节制地狂吃狂喝[45]闯[31]创撞又

s　[224]霜双量词[53]□大~碗;大海碗[45]爽

k　[224]光胱[45]广[31]桄——线逛

kʰ　[224]筐匡姓[53]狂[31]眶眼~子况矿框

x　[224]荒慌[53]黄簧弹~皇蝗磺潢[45]谎晃~幌~子恍~忽[31]晃又~悠□介词、连词

Ø　[224]汪姓[53]亡芒儿大麦~儿王[45]往向;~南走枉冤~网[31]忘妄~想望旺兴~往又跟;~我说

əŋ

p　[224]崩迸~出绷~带[53]甭又~家[31]蹦镚钢~子□~子;骗子

pʰ　[224]烹喷俗;溅[53]朋彭姓膨~胀棚蓬篷鹏姓名用字[45]捧[31]碰

m　[224]蒙~人;骗人懵~喳;思维出现断片儿[53]虻瞎~萌盟~兄弟儿;结拜的兄弟蒙又~起来濛~星雨儿朦~胧[45]猛蠓
~~虫儿[31]孟梦

f　[224]风枫疯讽~刺丰封峰蜂[53]冯缝~纫机逢锋[31]凤奉俸~禄缝门~儿

t　[224]登灯蹬脚~子戥~子[45]等[31]凳镫鞍~邓澄~~;使杂物沉淀瞪

tʰ　[224]熥~馒头[53]腾誊~写疼藤滕姓

n　[53]能□~~脚儿;掂着脚儿[31]弄

l　[45]冷[31]楞愣棱儿

tʂ　[224]曾姓增睁争[31]赠锃~亮挣~钱;~开

tʂʰ　[224]撑吃~了铛电饼~[53]曾层[31]蹭

s　[224]僧生牲甥[45]省

tʂ　[224]征蒸正~月筝贞~洁侦又~查[45]拯~救整正又~立~[31]证症郑正又方~;政~府

tʂʰ　[224]称~呼儿秤动词[53]澄又~清惩橙~子乘承丞呈程成城诚盛~饭[45]逞~能[31]秤名词又

ʂ　[224]升~子;名词,一种盛粮食的工具,底小口大;升~级;动词声[53]绳[31]剩胜圣盛~大盛疼爱

ʐ　[224]扔[45]仍

k　[224]梗~米庚耕~牛更~正[45]埂起~;起地埝儿梗儿~茎耿~直[31]更又~加

kʰ　[224]坑;大土~;挖~

x　[224]亨[53]恒衡横~里下;横的方面[31]横又查~横又~里下;横的方面

iŋ

p　[224]冰兵[53]甭又~家[45]禀~报丙柄饼[31]病并

pʰ　［224］乒［53］凭平坪评瓶屏萍苹

m　［53］鸣明名暝［31］命

t　［224］丁钉-子钉-上靪补鞋底盯［45］顶鼎［31］钉又-上订定腚

tʰ　［224］听厅庭又开-［53］亭停廷庭又家-蜓蜻婷挺-好莛某些草本植物的茎［45］挺又-胸

n　［53］凝-固赢-疃宁拧-拧［45］拧又-开［31］拧倔强

l　［53］陵-园儿凌冰-菱-形零灵铃玲羚蛉龄［45］领岭［31］令另

tɕ　［224］京惊鲸精晶经耕-地更打-睛画龙点-荆-条［45］景警井［31］茎境敬竟镜竞静靖净菁蔓-颈-椎径直-

tɕʰ　［224］卿清轻青蜻-蜓倾-斜;主要指墙壁倾斜氢坑灶火-子;大-□-tɕʰin213□sj33;做某事的频率很低［53］擎-着点儿劲儿;悠着点劲儿情晴赌-送;受赠青-天大老爷从-这,还没来哩［45］请顷量词［31］亲-家庆凝又汤凝成冻的过程

ɕ　［224］兴-旺星腥猩［53］姓行-为形型邢［45］省醒［31］兴又-高杏幸性姓又陉井-行-ɕin31-53当taɾ0;累赘,主要用于形容东西

ø　［224］应-当鹰鹦-鹉樱-桃英婴缨红-枪［53］蝇-子迎盈营萤-火虫茔坟赢-输-［45］影颖［31］硬映应又响-

uŋ

t　［224］东冬［45］懂董［31］冻栋动洞

tʰ　［224］通统囱-烟-［53］同铜桐童瞳［45］桶捅筒［31］痛

n　［53］农脓浓-度［31］弄又浓用于指下雨后道路泥泞,难走;-度

l　［53］笼聋隆龙垄-沟［45］拢垄儿又-~;-行

ts　［224］鬃宗-教综中-间儿忠终踪钟盅儿［45］总种-子肿［31］粽中又-奖仲众重-量种又-树

tsʰ　［224］聪葱充冲-过来匆忡忧心-~-［53］从虫重-复丛-树-崇-高［45］宠［31］冲又-要

s　［224］松［53］怂［45］耸［31］送宋诵颂讼

ʐ　［53］荣绒融容又蓉熔溶

k　［224］公蚣-蚬-工功攻-击躬宫恭供-孩子上学［45］汞拱巩［31］贡供上-共

kʰ　［224］空形;-了［45］孔恐［31］控空又-格

x　［224］轰烘-干［53］弘宏红洪鸿虹哄-下;晚上［45］哄-孩子［31］哄又起-

ø　［224］翁不倒-［31］瓮水缸

yŋ

tɕ　［45］炯-有神

tɕʰ　［53］琼穷［45］倾又-倒

ɕ　［224］兄胸凶［53］熊雄

ø　［224］雍-正拥［53］容荣绒-衣［45］永泳勇蛹踊［31］用佣-人

参考文献

中国社会科学院语言研究所,中国社会科学院民族学与人类学研究所,香港城市大学语言资讯科学研究中心.中国语言地图集(第2版)[M].北京:商务印书馆,2012.

武邑县地方志编纂委员会.武邑县志[M].北京:方志出版社,1998.

青海汉语方言的情态动词

[美]狄志良　著　云南财经大学国际文化学院　赵　云　译

内容提要　本文主要考察了西宁次方言情态动词的使用特点,同时结合周边民族语言材料,进一步讨论了西宁方言情态动词使用的不同模型和来源。

关键词　西宁方言;情态动词;使用特点;语言接触

1. 引　　言

青海方言指以下地区的汉语方言:西宁市(包括湟中县、湟源县、大通回族土族自治县等)、海东州(平安、互助、乐都、民和、化隆、循化等县)、黄南州同仁藏族自治县、海南州贵德县。全省其他州县的汉语方言皆形成较晚,不稳定,研究也不足。青海方言分为三个次方言:①河州次方言,包括黄河沿岸的同仁、循化、化隆等县,与甘肃省临夏方言有相似的词汇和音系特点。②乐都——民和次方言:与甘肃兰州方言有相近特点。③西宁次方言,含其他各县。我因其在湟水流域也称之为"湟水汉语",除了黄河边的贵德以外(Dede 2003)。

青海东北部和甘肃西南部的汉语方言一直以来都以其所处的多语环境以及它们与其他汉语方言的类型学差异而著称(程祥徽 1980,张成材、朱世奎 1987,王双成 2012)。迄今,能显示来自民族语言影响而导致的类型学差异的证据大多集中于名词短语及其相关语法关系。如后置词"俩"①置于名词后,表示工具格功能(Dede 2009)②,比如:

(1) 我钢笔俩写惯了毛笔俩写不来。

有类似证据表明还有其他语法关系如共同格、离格、宾格等,也通过类似的句法结构得以体现(Dede 1999,2007,2009)。但是,除了少量论文外(张安生 2007、王双成 2012),很少见到对于复杂动词结构的内部构成的描写。本文将讨论青海次方言情态动词的一些句法现象,这些语法现象将证明青海方言受到该地区非汉语语言(少数民族语言)的接触影响。另外,本文

---

①　"俩"在本文中并非本字,只是一个习惯上用来表示一个语源不明的语素。"俩"与语气助词 lja 同音不同义,如例 2。我们用同一个字符来转写这两个语素,但它们之间并没有联系。

②　本文记音基于川澄哲也(2006、2009)西宁城区方言的描写。在次方言中,发音有些许变化,但这个记音系统总体是可行的。注解中的缩写如下:1st Sing = 第一人称单数代词、2nd Sing = 第二人称单数代词、2nd Pl = 第二人称复数代词、3rdSing = 第三人称单数代词、ACC = 宾格、COMP = 动词补语、COND = 条件句标记、EMP = 强调标记、ERG = 作格标记、INT = 工具格、Fut.Prt = 未来时助词、MW = 量词、NOM = 名物化标记、NonPst = 非过去时助词、Prep = 介词、Pres = 现在时、PRT = 语气助词、Qprt = 疑问助词、QUOT = 引用标记、TOP = 话题标记。

认为,这些语言现象正在受到普通话越来越强的影响,并且在不远的将来很可能就会消失。

2009 年秋和 2010 年冬,我收集了西宁次方言母语人的话语资料。主要是母语人二人、三人、四人的流畅对话,有时我的母语人助手也在其中。这些调查对象来自不同的地理(城市、乡村)和社会经济(学生、工人、医生等)背景。全部 32 人中一半是来自青海师范大学的学生。话语材料录音共计将近 40 小时。我和助手们将录音转写为汉字,以下的分析都基于这些话语材料。

本研究以西宁次方言为中心。该次方言区有 200 多万人口,分布于乡村与城市环境,其中很大部分属于较新的移民,于 1949 年后由其他方言区迁入西宁市区(Dede 2006)。因此,操真正西宁方言的实际人口远远小于 200 万,甚至可能少于 100 万。由于巨大的外来移民数量,该方言承受着来自普通话的巨大压力,体现在大量的语音、构词和句法的变体(Dede 2006)。

2. 西宁方言的情态动词

王双成(2012)讨论过大致相当于普通话"可能"的表猜想的情态助词(王双成 2012:476):

(2) 我后日家里去呵①也闻②俩③。(我后天有可能回家)

王双成指出,这种例子与安多藏语极其相似,例(3)来自 2013 年 7 月我们调查的安多藏语母语人:

(3) kho-yis　　nganglag　　sa-na-thang.(他可能吃香蕉)

　　 他- ERG　香蕉　　　 吃- COND -可能

也和土语极其相似(例子 2013 年 7 月调查自土语母语人):

(4) gan　　xangjoggi　　rde-sa　　chuang.(他可能吃香蕉)

　　 他　　 香蕉- ACC　吃- COND　可能

以上三例,可以概括为:

模型♯1:主动词(MV)——条件标记(CM)——情态动词(MA)

与普通话的显著区别在于青海的这三种语言中,MA 在 MV 之后,而在普通话里,MA 在 MV 之前。在早先的田野调查中观察到西宁话的这些特点后,我于 2009 年收集了一些材料,以研究这种模式是否会出现于其他情态助词。

表"必要"的情态动词"要"出现于两种模式,最常见的是出现在主动词前,和普通话相同,如:

(5) 大下呵要学习。(长大了就得学习)

我们可以概括为:

模型♯2:情态动词(MA)——主动词(MV)

然而,也有另一种模式:情态动词出现在主动词后,如:

(6) 你再好好地学的要俩。(你也得好好学习)

(7) 考上说呵赶紧准备的要俩。(要考试了,你得赶快准备)

---

① 虽注解为条件标记,但"呵"也可作句子话题标记。

② 例 2 的"闻"并非本字。如 88 页注①。

③ 句末语气助词"俩"的确切意义不明。它可能表示已然语气,此外,也可能是助词"哩""呀"的混合。

(8) 排队的要哩吗说。（[我]说："你得要排队吗？"）

以上例子中，在情态动词前，主动词（MV）被"的"名词化，可以概括为：

模型♯3：主动词（MV）——名词化标记（NOM）——情态动词（MA）

模型3也有更为复杂的主动词（MV），如动补复合词，如：

(9) 学去的要哩哦。（难道他不需要去学习吗？）

(10) 计划生育部里签去的要哩哆。（[你]得要去计划生育部去签字。）

在例9、例10中，动词后带有趋向补语"去"，然后被"的"名词化，再接情态助词（MA）。

模型3还可以带有动——宾动词符合结构：

(11) 信息中心去呵你们还是办证的要哩呗。（去了信息中心后，你还是得要办证。）

该模型还可带置于动词后的表数量的普通量词，如：

(12) 多学上点的要俩。（你得多学点儿。）

需要指出的是，该模型确实存在于西宁话中，并不是人们话语中思考不周时进行的零碎的补充。话语材料中还有表"必要"的情态动词出现于句尾，表示"再开始"，如：

(13) 提前俿①找工作俩要。（他得提前找工作。）

请注意例13、例6—例12在句法上的区别。例13，动词短语（VP）"找工作"后跟有助词"俩"，似乎是表"已然"语气（见注释4）。这个助词出现在句末，或至少置于动词短语（VP）之后。而例6—例12，主动词后从未有"俩"，但情态动词MA后有"哩"或"俩"。助词标志着从句结束，因此例13里的情态动词很明显是表示再开始或补充，而非正常的句法现象。

材料中最有趣的或许是模型2和模型3混合成的具有双重标记的混合模式，我们可以概括为：

模型♯4：情态动词（MA）——主动词（MV）——名词化标志（NOM）——情态动词（MA）

这种模式很少见，只见于以下三例：

(14) 可要重读一遍的要俩。（[你]得再读一遍。）

(15) 你还是得学点别的知识的要俩。（你还是得学点别的知识。）

(16) 我得加上的要俩，我得把俿加上。（我得把他加上。）

例14中，话语者在主动词前用了情态动词"要"，正如模型2；在主动词后有名词化、情态动词，正如模型3。例15、16，话语者在主动词前使用了另一个表"必要"的情态动词"得"，在主动词后用了名词化、情态动词。同时，应该注意，在例16中，话语者重述内容，没有使用双重标记情态动词，而是转换为模型2。虽然模型4不常见，但这个具有混合特点的模型证实了一种西宁话中正在发生的变化：普通话（MSM）日益增强的影响使得模型2、模型3发生混合。

有三个进一步的证据可证明模型3是一种较古老的模型，而这种模型正处于被普通话的模型2所取代的过程之中。

首先，模型3与该地区非汉语语言的"必要"情态动词模式相似。请看以下来自安多藏语的例子（2013年7月调查自安多藏语母语人）：

(17) kho-yis   sman   ʼthung   dgos.（他需要喝药。）

　　　　他-　　　药　　　喝　　　要

---

① 该第三人称单数代词有两个形式，"俿""他"，似乎可以自由替换，另，值得注意的是安多藏语第三人称单数也普遍采用两个不同形式。

(18) kho ′gro dgos.（他要走了。）

     他 走 要

安多藏语的词序与模型 3 相似，主动词现在时后跟着情态动词。以下的土族语（Mongghul）例子也很类似：

(19) gan luanhan rde-gu gulagu-na.（他需要吃很多。）

     他 很多 吃- FutPrt 需要- NonPst

(20) gan qidarini luanhan suri-gu gulagu-na.（他需要学很多汉语。）

     他 汉语 很多 学- FutPrt 需要- NonPst

这里，主动词后也跟着情态动词。土族语和安多藏语在"必要"情态动词上的不同点是：安多藏语中，情态动词直接跟着主动词，而土族语中，主动词被后缀-gu 修饰。后缀-gu，被 Faehndrich（2007：167）称为将来分词，其实是源于蒙古书面语中被 Poppe（1991：94）称为 *nomen futuri* 的成分。其实，在接情态动词之前，土族语的主动词被名词化。青海方言的模型 3 完全是从蒙古语演化而来的土族语的翻版。

据我所知，汉语方言里，不论过去或现在，都不存在"必要"情态动词跟在名词化的主动词之后的模型 3 模式（见 Norman1988：100—101，124—125）。因此，只能说青海话模型 3 受到该地区非汉语语言的影响，尤其受到土族语的影响。导致这种影响的接触始于约 500 年前（Dede 2003）。所以，模型 3 体现了相对较早的历史层次。模型 2 则一方面体现了上古的，接触产生前的历史层次，另一方面，也体现了现代受到普通话影响的层次。

表明模型 3 正在被模型 2 替代的第二个证据是两种模型的地理分布不同。在我们的调查资料中，模型 3 只出现于来自农村背景的讲话者。我们有一段四位西宁城区居民的对话录音，四位居民的家庭都已数代居于西宁城内，四位居民皆已年过六旬。在长达两小时的对话中，从没出现过模型 3。虽然通过这样的单个例子还不足以得出确定性的结论，但是可以表明模型 3 是农村话语的特点，与城区西宁话还是有些不同的。这种不同的原因可能是：一，语言社群形成之初，城区居民受到非汉语语言影响的可能性较小。二，由于大众传媒和教育，城区受到前身为官话的汉语普通话的巨大影响。不论是哪一种可能，都表明模型 3 是古老的，且在压力下正变为模型 2。

第三个证据正是模型 3 的少见，而这种少见也预示它可能将不会存续太久。我们约 40 小时的对话材料中，有约 114 个"必要"情态动词的例子，其中 89 个（78％）是普通话模型 2（包括"一定要"和"需要"的例子），只有 25 个（22％）是模型 3。除了模型 3 与农村话语者的明确关联，我们的调查样本数量还不足以让我们进行不同模型使用者的人口分析。但是，鉴于我们的数据中模型 3 数量的稀少，我们可以猜测它将在一到两代人的时间内被模型 2 取代。

3. 结　　语

我们的以上材料进一步证明青海汉语方言在本地非汉语语言的影响下句法结构发生变化。表猜测与必要的情态动词句型结构与相邻语言土族语相同。它们的形式从类型学上看，与其他汉语方言都不同，证明了来自土族语的影响。

其次，我们的材料也显示情态动词表达上的变化表明这种青海方言中的独特特点将会屈服于汉语普通话的压力而与之趋同，从而减少了汉语方言的变化。

参考文献

程祥徽.青海汉语口语语法散论[J].中国语文,1980(2):142—149.

王双成.西宁方言的介词类型[J].中国语文,2012(5):469—478.

张安生.西宁回民话的引语标记"说着""说"[J].中国语文 2007(4):343—353.

张成材,朱世奎.西宁方言志[M].西宁:青海人民出版社,1987.

Dede, Keith. 2009. A response to *Ways* and the syntax of noun phrases in Qīnghǎi Chinese dialects. *Asian Highlands Perspective* 1, 331—347.

Dede, Keith. 2007. Origins of the Anti-ergative [xa] in Huangshui Chinese. *Language and Linguistics* 8:4, 863—881.

Dede, Keith. 2006. Standard Chinese and the Xīníng dialect: the rise of an interdialectal standard. *Journal of Asian Pacific Communication* 16:2, 319—334.

Dede, Keith. 2003. The Chinese Language in Qīnghǎi. *Studia Orientalia* 95, 321—346.

Dede, Keith. 1999. An ablative postposition in the Xīníng dialect. *Language Variation and Change* 11:1—17.

Faehndrich, Burgel R. M. 2007. Sketch Grammar of the Karlong Variety of Mongghul, and Dialectal Survey of Mongghul. Doctoral dissertation, University of Hawai'i.

Kawasumi Tetsuya(川澄哲也). 2006. Kango Xining hōgen no seichō 漢語西寧方言の声調. 東ユーラシア言語研究 1:92—116. Tokyo 東京:Kōbunshuppan 好文出版.

Kawasumi Tetsuya(川澄哲也). 2009. Xīníng fāngyán de yīnduàn yīnxìxué 西寧方言的音段音系學. Kyoto University Linguistics Research 28:91—112.

Norman, Jerry. 1988. *Chinese*. Cambridge: Cambridge University Press.

Poppe, Nicholas. 1991. *Grammar of Written Mongolian*. Weisbaden: Otto Harrassowitz.

一份十八世纪中国北部的官话口语文本[1]

[美]柯蔚南[2] 著   上海师范大学语言研究所   韩   蔚   译

内容提要 《清文启蒙》是一本写给汉语读者的满语教科书,其中的汉语对话部分为我们研究十八世纪中期的北方官话提供了一份口语文本。本文将要考察的是该文本的其中一个版本,这个版本为其中的汉语对话增加了满文转写形式。本文具体参照了北方官话作为共通语(koine)[3]的发展历程,以及该共通语与当时地位更高的南方官话(南京地区)之间的关系,并在此基础上考察了文本中的汉语所具有的某些音系、词汇和句法特征。文章最后探讨了北方官话在十九世纪变成占主导地位的共通语所遵循的演变路径。

关键词 《清文启蒙》;普通话;音系;语法;词汇;北方官话;南方官话

1. 引   言

十八世纪是中国标准语历史上尤为重要的历史时期。整个明清时期的国家共通语都被称为官话,并且在这段时期的大部分时间里,拥有极高地位的官话形式其实是植根于以南京为中心的长江流域的。这一时期的标准官话并不能简单地说成是南京话,因为它似乎曾经有过类似江淮方言的基底,尤其表现在语音系统上。

官话的其中一种变体当然也通用于中国北部。从 1421 年开始,北京就成为了国家的政治中心,首都所在地。尤其在 1644 年清朝建立之后,除了政治上的重要性,北京的文化影响力也在逐渐上升。在十八世纪初期,尽管外国传教士对北方官话做过一些记录,但他们却没什么兴趣学它。对他们而言,北方官话只是标准语的一种地位较低的变体。如果当时有人想学官话,他们觉得"南京话"才是一定要学的官话变体。但是到了十九世纪初期,情况发生了巨大的变化。根据马礼逊(Robert Morrison 1782—1834)的记录,当时,北方官话不仅在朝廷里成为更加通行的官话变体,而且在朝廷以外的官员之中也越来越通行,甚至在京畿之外也是如此。他观察到,"现在,一种鞑靼汉语(Tartar-Chinese Dialect)正逐渐赢得地盘,如果这个朝代长久持续的话,它终将取胜。"(1815—1823,第一部分,第一卷:x)。马礼逊是对的,因为大约到 1860 年,北方官话就取得了胜利,成为标准汉语的优势变体。在此后的几十年中,南方官话销声匿迹,实际上消失得非常彻底以至于直到近几十年,汉学界才开始重新关注它(柯蔚南 1997,2000)。

关于南方官话或"南京"官话的音系和语法,我们现在知道得很多,是因为十六和十七世纪的欧洲传教士写过一系列有关南方官话的语法书、词典和佳文选摘,其内容相当详细。而且,南方官话的最后阶段也以编年史的方式载入了十九世纪的相关著作中。但同时期北方官话的音系和语法就远没有如此之好的记录材料。当时的欧洲人把北方官话当成"鞑靼汉语"

不予理会，这很有可能反映了那个时期汉语母语者的偏见①。一方面，汉人自己并没有拼音字母去记录北方官话；另一方面，他们显然也没兴趣这么做。尽管如此，仍有一些北方官话的文本保存了下来。比如，北方官话的很多发音特征似乎就反映在某些十八世纪的朝鲜语转写材料中（Kim 1991，第五章）。另外还有一份影响更为深远的材料，即本文将要讨论的这个文本。

我们所讨论的文本是一个满-汉双语文本，题为《兼满汉语满州套话清文启蒙》（*Giyan man han ioi man jeo tao hūwa cing wen ki meng*）[4]，年代为 1761 年，珍藏于东洋文库（Tōyō Bunko）。②该文本由满语和汉语写成的口语对话组成，其中汉语部分先用满语拼音字母转写后给出，再用汉字进行隔行对照。这份汉语材料中的满文转写完全采用罗马拼音转写法，已经由落合守和（Ochi'ayi Morikazu）（1989）付梓出版，这本著作提供了本文所用的语料。③该著作多达 79 页，采用传统风格的对开书页，本质上与著名的满语教科书——《满汉字清文启蒙》中的满汉对话部分完全一致。该教科书通常简称为《清文启蒙》，其最早的版本出版于 1730 年，之后又多次再版。④满汉对话部分在各种校订本中其实是一样的，但只有我们所用的这个版本增加了汉语的语音转写（落合守和 1989:68）。这些对话最初的目的是教汉语读者说满语。如果落合守和的汉语语音转写是正确的，那么我们所用的这个版本就又多了一个目的，即满语读者也可以用它来确定文本中汉语部分的发音（落合守和 1989:69）。同时，他还提到，对话中所展现的语言派生于十八世纪的北京。这个观点的真实性有待于进一步的论证。但我们可以相当有把握地说，该文本确实是这一时期标准北方官话的典型。这份文本之所以如此无价，不仅因为它是一份用拼音字母转写而成的前现代汉语口语文本，而且也因为它为我们提供了一个窗口，去观察一个迄今为止一直隐藏着的关键阶段。在这一阶段，北方官话一直占据着主导地位，而它的主导地位是在十九世纪中期取得的。那时的欧洲汉学家所记录的北方官话在他们编撰的语法书、词典以及其他语言教学材料中都有体现。

本研究试图从音系、语法和词汇的角度考察 1761 年文本中记录的语言，以此来确定在多大程度上它类似于或有别于：1）欧洲传教士记录的"南京"官话口语的标准形式；2）十九世纪中后期欧洲语法书和词典中记录的以北京话为基础的标准官话。本文的研究目的是考察标准语基底的演变历程，这一演变似乎是发生在十八世纪的。本文参考的语料根据它们所反映出的两种官话类型编排如下：

南方官话：

a）瓦罗（又译为：万济国）（Varo）（1703），此处转引自柯蔚南、Levi（2000），是一本描写南

---

① 关于中原人和南方人对北方官话的态度，尤见平田昌司（2000）。

② 我要特别感谢罗杰瑞（Jerry Norman）教授，是他引导我关注该文本的，我也要感谢他对我在满语研究上的总体性建议。没有他的帮助，本文不可能问世。而本文存在的错误和缺陷当然完全由我自己负责。

③ 本文毫无改动地采用了落合守和的满语罗马拼音转写系统。它与穆麟德（Paul Georg von Möllendorff，又译为莫伦道夫或穆林德夫）的转写系统（Möllendorff 1892）以及罗杰瑞（1978）中所用的转写系统基本一致。但也有例外，比如本文中出现的比较重要的例外有：*jhi* 和 *chi* 分别代表 *zhī*"之"和 *chī*"吃"之类的汉语音节，*dz*、*tss*、*ss* 代表 *zi*"字"、*ci*"次"、*si*"四"之类的音节。我们为原文本的书页进行了数字编码，所采用的数字编码系统与落合守和著作中所用的系统是一样的。

④ 伟烈亚力（Alexander Wylie）于 1855 年完成了《清文启蒙》的全部翻译，其中的一部分已经被重制并翻译为"Book II：the Manchu Preceptor"（《第二部：满语入门》），这就是该文本满文版的英文译本。

方官话的语法书。瓦罗有份手稿是南方官话词典,时间可追溯到 1670 年。

b) 马若瑟(Prémare)(约 1730)是一本描写南方官话的语法书。

c) 马礼逊(Morrison)(1815—1823)是记录晚期南方官话的一本词典。

北方官话:

a) 艾约瑟(Edkins)(1864a)是一本描写北京官话的语法书,其中也记录了大量对北京方言和南北官话差异的观察。艾约瑟(1864b)是一本北京官话教科书兼实用手册,其中记录了大量例句、短语、词汇表等。

b) 威妥玛(Wade)(1867)是一本北京官话口语教科书,其中记录了大量口语文本例句、对话等。

c) 庄延龄(Edward H. Parker 1849—1926)的方言发音词表以旁注的形式收录在翟理斯(Giles)(1892)中。庄延龄的语料可追溯到 1870 年左右,在他的调查词表中,北京只是众多调查点之一。庄延龄在录制真实口语方面极其认真,一丝不苟。他对同一语素的不同发音变体尤为感兴趣。

d) 司登得(Stent)(1877)表面上是一本北京方言词典。而实际上,它很有可能也收录了北京地区官话共通语的词汇。

2. 音　　系

本章尝试将 1761 年文本中的音系特征分隔出来单独讨论。根据十七世纪到十八世纪早期西方文献的记载,1761 年文本中的语言与南方官话或"南京"官话尤为近似。在与南方官话音系进行比较之后,我们还要将 1761 年文本与北方官话音系进行比较,寻找被十九世纪外国语法学家称为典型的北方官话或"北京"官话的特征。这样做是为了确定当时的官话是否发生了向典型的北方特征的转变,以及在多大程度上我们能观察到这种转变。

2.1　声母

2.1.1　音节 *zhēng*"争"、*zhǎi*"窄"、*chū*"初"、*shēng*"生"、*shī*"师"、*shì*"事"

艾约瑟和庄延龄的材料显示,在十九世纪的北京,上述音节中都有卷舌声母,即[tʂ]、[tʂ̺][5]和[ʂ]。而在瓦罗、马若瑟等人的材料中,尽管南方音系也存在一套独立的卷舌声母系列,但上面这些字在南方音系中则读为齿擦音声母,即[ts]、[ts']⁶和[s]:çhēng[tsɛŋ]"争"、çhě[tsɛʔ]"窄"、çh'ū[ts'u]"初"、sēng[sɛŋ]"生"、çū[s]"师"、çù[s]"事"。①1761 年文本中与上述汉字对应的满文转写形式如下:*dzeng*"争"、*dze*"窄"、*tsu*"初"、*seng*"生"、*ss*"师"、*ss*"事"。其中有一个例外是常见音节 *shì*"事"在该文本的许多例子中也转写为 *ši*。由此可见,1761 年文本在这些例子中几乎毫无例外地遵循着南方音的读法。在十九世纪的北方官话中,卷舌声母的出现不能看成是常规音变的例子,因为它没有音变条件。其实,它可能是替换的结果,即一个更北的读音代替了相应的南方读音。这一现象表明,这些例子反映出的北方官话变体最初是遵循着以南方音为基底的音系规则的,但之后却偏离了这种规则,在大约 1760 年到 1860 年间的某一时刻,转而采用了北方读音。文本中对 *shì*"事"的两种转写方式可能就反映

---

① 这些例子采用了瓦罗的拼写形式。

出该词的北方读音已经开始代替它的南方读音了。

2.1.2　音节 *róng*"容"

在现代标准普通话中,音节 *róng*"**容**"有一个卷舌声母,可以理解为近音[ɹ]或擦音[ʐ]。在庄延龄的北京话数据中,该音节有两个变读形式:yung² 和 jung²,起首的声母分别是硬腭滑音和半元音。同样的形式也成对出现在威妥玛和司登得的文献中。艾约瑟只记录了 yung²,而并没提到它可能的变体 jung²。瓦罗和马若瑟分别给出了 iûng 和 iông,这两种形式代表着标准南方官话的发音。马礼逊则给出了 yung 作为晚期南方音形式。我们所用的满文转写文本一律写作 yung。由此可见,南方官话一直将 *róng*"**容**"读作[iuŋ]。在十九世纪中晚期的北京,出现了[iuŋ]和[ʐuŋ]两个相互竞争的读音。最终后者胜出,成为现代汉语的标准音,而这个音可能代表着当时北京本地话的读音。十九世纪出现的两读形式,有可能是因为当时在北京地区音变正在进行中,也有可能是因为当时已经出现在北京本地话中的读音正在取代更古老的官话形式[iuŋ]。如果是后一种情况,那么 1761 年文本中的读音[iuŋ]也许可以说明,当时人们说共通语时,仍然更倾向于使用南方官话的读音,而不是北方本地话。我们对此还不能完全肯定,除非我们能搞清楚究竟在何时北方本地土话中出现了读音[ʐuŋ]。

2.1.3　音节 *chún*"唇"

chún[tʂʰuən]"**唇**"在司登得的北京话词汇表里拼写为 chʻun²。庄延龄没有给出这个词的北京话读音。在翟理斯的材料中,它一般读为 chʻun²。这个词在艾约瑟的材料里根本没出现。这个塞擦音声母的读音很有可能是北方地区比较古老的读音,因为在十六世纪初就有朝鲜转写员崔世珍(Chwe Sejin 1478? —1543)在北方听到过这个音(Kim 1991:204)。瓦罗的材料里将这个词记为 xûn[ʂun],而马若瑟的材料里则有两个变体,chuên[ʂuen]和 chûn[ʂun]。①马礼逊记录的晚期南方官话形式是 shun[ʂun]。满文转写为 šun。此处我们的 1761 年文本可能是特意遵守着南方读音。而一个世纪之后,这个擦音声母就被北京本地话中的塞擦音声母所取代。

2.1.4　零声母与声母 *ŋ-*

以中低元音结尾并且起首的音节在 1761 年文本中显示为零声母,比如:o"我"、ai"爱"、e"饿"。而相应的字在南方官话中一直都有声母 ŋ-,比如:瓦罗书中的 gò"我"、gái"爱"、gó"饿",马若瑟书中的 ngò、ngái、ngó(其中 g- 和 ng- 都表示[ŋ])。司登得的北京话材料与 1761 年文本一样根本没有记录声母 ŋ-,威妥玛的材料也是如此。庄延龄在大多数例子中都给出了零声母 Ø- 和声母 ŋ- 两读的情况,比如:ai~ngai"爱"、wo~ngo"饿",但并不是所有例子都如此,比如:wo"我"。艾约瑟一直相当留意这样的细节,他说在当时的北京,人们实际上可以听到三种不同的声母实现形式,即:零声母、声母 ŋ- 和一种他称为"喉音 g"的声母,他可能指的是小舌擦音[ʁ](1864a:35)。艾约瑟和庄延龄的材料表明,在当时的北京存在两种互相竞争的声母形式。朝鲜转写员申叔舟(Sin Sukchu 1417—1475)在十五世纪就已经听到过北方汉语口语中的零声母形式(Kim 1991:第四章 4.2 节中随处可见)。②但满文转写形式则有点不明确。一种可能性是,由于满语中[ŋ]不能作声母,所以在满文中也没有与之对应的作声母的字符 ng。因此,1761 年文本中零声母的现象有可能是满文转写员即使听到[ŋ]声母出现

---

①　根据法文的拼写习惯,马若瑟材料中的 ch- 表示[ʂ]。

②　这种零声母的现象记载于申叔舟的白话(Popular Reading,即"俗音")材料中。

在例如 *wǒ*"我"和 *ai*"爱"这样的词中,但也没有办法转写它造成的。更何况当时的满人也根本不愿意创造新的字符来表示不熟悉的汉语音(比较 Li 2000:26)。另一种可能性是,转写员真的没听到任何辅音声母,所以这些转写形式中就没有出现声母字符。这个问题仍有待解决。如果满文转写形式真的反映出零声母的情况,那么就说明当时的官话母语者更倾向于北方方言的发音。

2.1.5　硬腭化

现代标准汉语有一个硬腭音声母系列 *tɕ-*、*tɕʰ-*、*ɕ-*,只出现在前高元音和滑音前。这组声母被认为是早期的喉音 *k-*、*kʰ-*、*x-* 和齿擦音 *ts-*、*tsʰ-*、*s-* 合并而成。其实,明清官话的南方变体在现代标准汉语硬腭音出现的音节中仍然保留着这两套声母系列。庄延龄、司登得和威妥玛的材料中都显示出现代北方类型的形态,即只有一组硬腭音系列。艾约瑟(1864a:35)对该现象陈述如下:"在北京及西部省份的发音中,*ts* 和 *k*、*s* 和 *h* 在某些情况下是很难区分的,但这并不影响声母的数量,因为这种难区分的情况只发生在它们与元音 *i* 和 *ü* 相拼时……马礼逊博士很早之前就指出了北方方言的这种独特性,但并未提及这两组辅音内部的合并。第一组辅音可能写成 *ts*、*k* 或 *ch*,第二组写成 *h* 或 *s*,或者如威妥玛提议的那样写成[*s*:]*hs*。很难说哪种书写形式最能代表这些辅音。但毫无疑问的是,这两组声母的辅音形式最终会变成一个清晰的 *ch* 音和一个清晰的 *sh* 音。"这段论述表明:1)喉音声母系列和齿擦音声母系列在当时的北京话中不再是截然对立的声母系列;2)艾约瑟敏锐的听觉告诉他,这两个系列的声母正处于语音层面的不稳定状态或正处于演变之中。他预测这两个系列的声母会"最终"变成一个系列,即清晰的硬腭音系列,这说明当时这种情况还未发生。① 上述引文中提到马礼逊,实际上是指他编的字典(1815—1823,第一部分,第一卷:18),其中说到当时北京官话的发音在如下两个方面不同于南方官话:

i)"在 *e* 和 *i* 前,*k* 变为 *ch*,有时变为 *ts*。因此 *king* 变为 *ching*,*keang* 变为 *cheang* 或 *tseang*。"

ii)"在 *e* 和 *i* 前,*h* 变为 *sh* 或 *s*。因此 *heang* 变为 *sheang*,*heǒ* 变为 *sheǒ* 或 *seǒ*。"

正如艾约瑟所指出的那样,尽管此处马礼逊清楚地描述了软腭音的硬腭化现象,但实际上他从未说过在如此之多的例词中早期喉音与齿擦音已经发生合并。我们不确定,这究竟是马礼逊一时疏忽呢,还是恰恰说明他听到的北方官话中这两个声母系列确实未发生真正的合并。

回到十八世纪晚期,我们还有一些可追溯到 1765 年到 1795 左右的朝鲜语转写材料(Kim 1991,第五章)。在这些材料中,早期的齿擦音仍然拼写为齿擦音。但对于软腭音,Kim 给出了一个有 32 个音节的词表,其中早期的软腭音都被转写为硬腭音。与此相对的是,在一个更长的词表中,软腭音仍然拼写为软腭音。我们甚至发现更多这样的例子,它们在 Kim 论文的第五章中随处可见。Kim 最后的结论是:硬腭化当时仍在进行中,并且在词汇层面上而不是音系层面上扩散,根据他的数据来源即可追踪这一进程(Kim 1991:267—268)。这是对语料的一个可能的解释。另一个稍有不同的结论是:硬腭化已经发生在以这些朝鲜语转写文本为

---

① 艾约瑟(1864b:iv)观察到了类似的情况:"由此形成的声母可能写成 *k*、*ts* 或 *ch*。但这并不是百分百确定的,而是经常游走于这些不同的语音变体之间。再经过一段时间的演变,这个声母很可能最终确定为一个清晰的 ch 音。"

代表的北方土话中了。而反映在这些文本中的底层语言实际上是共通语，即北方官话。当时的官话发音人很有可能为他们的朝鲜转写员大声朗读了字表，他们的目标是发软腭音声母。结果是，在大多数例字中，他们成功地发出了目标音，即软腭音，但在一小部分例字中，他们又滑向了自己的本地口音，发出了硬腭音。这种现象常见于双语制地区。比如，台北"国语"中"去"的发音是[tɕʰy⁵¹]。这一发音是慢速语流中最常听到的语音形式。但在某些情况下，说闽方言或客家话的人可能会将这个词发成[tɕʰi⁵¹]，因为闽方言和客家话中没有元音[y]。类似的情况也可能发生在此处的朝鲜语转写材料中，我们不应该忽略这种可能性。

现在我们来谈一谈 1761 年文本。其中的满文转写比较复杂，且令人费解，主要转写了含有合并之前的官话软腭音和齿擦音系列的音节。我们先将其分为早期软腭音和早期齿擦音两类（即南方官话中的两类声母），在此基础上再根据它们的满语拼写进行分类。

2.1.5.1　南方官话软腭音声母音节

i) 拼为满语软腭音

官话声母 *k-*：*gi*"忌、記、急、己"；*gin*"緊、景、今"；*gin，ging*"謹"；*gio*"久、舊"；*gioi，gui*"拘"；*gioi*"局、句、矩"；*giowei*"決"；*giya*"家、駕、甲、假"；*giyai*"皆、價"；*giyan*"間、件、兼、艱"；*giyang*"講、薑"；*giyao*"交"；*giyao，giyoo*"叫"；*giyao，giyoo*，（又 *keo*）"教"；*giye*"結"；*giyo*"覺"；*giyoo*"腳、轎"

官话声母 *kʰ-*：*ki*"啟、奇、旗、起、騎、氣"；*king*"慶"；*kio*"求"；*kioi*"去"；*kiowan，kiow(j)an*"勸"；*kiowei*"缺"；*kiyūn*"傾"；*kiyang*"強"；*kiyo*"確"；*kiyoo*"巧"

官话声母 *x-*：*hi*"喜、希"；*hing*"行"；*hiong*"兄"；*hiowan*"眩"；*hiya*"下"；*hiyan*"險、顯"；*hiyao*"效"；*hiyei，hiyai*"懈"；*hiyo*"學"

ii) 拼为满语硬腭音

官话声母 *k-*：*ji*"幾、忌、既、紀、技、吉、及、計"；*jin*"敬、竟"；*jiyan*"簡、見"

官话声母 *kʰ-*：*ci*"棄、乞、其、豈"；*cing*"輕"；*ciyan*"謙"

iii) 拼为满语齿擦音

官话声母 *x-*：*si*"係"；*sioi*"虛、許"；*siyan*"嫌、賢"；*siyang*"響、向"

iv) 无固定拼写形式

官话声母 *k-*：*gi，ji*"給、己"

官话声母 *kʰ-*：*ki，ci*"祈"

官话声母 *x-*：*hiyan，siyan*"閑、現"；*hin，sin*"幸"

2.1.5.2　南方官话齿擦音声母音节

i) 拼为满语齿擦音

官话声母 *s-*：*si*"細、習、西"；*siioan*"迅"；*sin*"心"；*sing*"姓"；*sio*"秀"；*sioi*"須、敘、絮"；*siyūn*"尋"；*siyan*"先"；*siyang*"想、相、像"；*siyao*"小"；*siyun*"遜"

ii) 拼为满语硬腭音

官话声母 *ts-*：*ji*"疾"；*ji*"即"；*jin*"進"；*jin*"盡、儘"；*jiyan*"箭"；*jiye*"節"

官话声母 *tsʰ-*：*ci*"齊"；*cing*"情、青"；*ciyan*"前、錢"；*ciye*"且、切"

iii) 拼为满语软腭音

官话声母 *ts-*：*gio*"酒、就"；*giyao*"嚼"；*giye*"借、接、節"；*giyei*"捷"

官话声母 *tsʰ-*：*kioi*"取、趣"；*kiyoo*"瞧"

官话声母 s- ：hin"信"；hiyao"笑"；hiye"洩、些、寫"

iv）无固定拼写形式

官话声母 ts'- ：ciowan, kiwan"全"

我们发现以官话软腭音作声母的音节在 1761 年文本中可以分为两类，即：转写为满语喉音的软腭音和转写为满语硬腭音或齿擦音的软腭音，有一小部分例子两种转写形式都有。这个基本分类让我们回想起我们在 Kim（1991）中观察到的情况，其中记录了与满文转写文本同时代的朝鲜语转写数据。然而，两两比对之后，我们发现用朝鲜语转写的音节和用满文转写的音节之间似乎又没有真正的联系。尽管如此，我们仍然可以像 Kim 那样推测，满文转写中喉音和非喉音拼写类型的分化反映了音变正在进行中，或者说，反映出一种强势方言和共通语混读的现象。然而，这两种可能性都被我们所用的第二种主要类型的材料削弱了。

一般来说，官话的齿塞擦音 ts- 和 ts'- 都拼写为满语的硬腭音，擦音 s- 拼写为满语的 s-。但除了这一规则外，官话的三种齿擦音也都可以拼写为满语的喉音。可是，无论汉语的这些声母可能有多么奇特，它们在那个时期都不可能是喉音。它们要么是齿音，要么是硬腭音。而拼写为满语喉音这一点说明此处所用的满文字母有某种特质使它能够转写汉语的硬腭音和/或齿擦音。如果情况果真如此，我们最直接的假设就是早期汉语的软腭音在 1761 年文本的语言底层中已经发生了硬腭化。因为这可以解释为什么满语的喉音字母可以自由地转写汉语的早期软腭音和齿擦音系列。但是，它也进一步引出了两个问题。第一个问题是满文字母 g-、k-、h- 在元音 i 前的发音问题。那时的满文转写员是如何发这些音的呢？在讨论这个问题之前，我们先补充说明一下当时的背景。到十八世纪后半叶，标准满语口语在北京以及北京以外的城区日趋消亡，这是在满人中推行满汉双语制的结果（王会银 1991；季永海 1993）。于是，满语在音系、句法和词汇等各个方面都出现了衰退。比如，在音系层面，乾隆皇帝在 1774 年说某些面圣的满人满语发音"音韵错谬"且"音近汉人语气"（季永海 1993：44）。有证据显示这种"汉化满语"的语音一直延续到十九世纪。比如，Gorelova（2002：77）曾经努力尝试着确定满语在刚开始退化为书面形式时的口语语音形式，她说："迄今为止，对满语语音系统的调查在各个方面都不成功，因为在过去的一个世纪中我们所知道的满语发音全都来自汉语和欧洲语言的转写，比如转写为［sic］并不能重现其满文字符所代表的真实音值。北京的满族掌握了这些转写方法，并使其广泛传播，但他们的语音在很大程度上已经受到了汉语北方方言的影响。"至此，对于我们感兴趣的第一个问题，目前普遍的看法是转写为 g、k、h 的满文字母在 a、o、ū 之前表示小舌音，在 e、u、i 之前表示软腭音。但是，在参考了十九世纪俄国主要的满语专家的论述之后，李盖蒂（Louis Ligeti）（1952：248）说："深谙满语口语发音的俄国满语学者早已将 q 和 k 两组辅音的差异界定为软腭和硬腭特征的对立。"此处含蓄地提到了一种比较奇特的硬腭音特征，它在伟烈亚力（1855：12 脚注）中描述如下："舌尖向下伸，舌根向上提。"无论当时这些辅音是什么，都不是简单的软腭音。所以，我们的 1761 年文本可能只是恰好反映了这些奇特的语音而已。

我们的第二个问题是，如果硬腭化已经发生在当时的汉语底层形式中，那么满文转写员为什么一直坚持将南方官话音节中占据优势的软腭音声母转写为喉音声母？此处我们应该考虑到，此类现象常常发生于字母记录的语料中，它反映了转写传统与语音现实之间的冲突，尤其是当转写传统是被广泛接受的，而同时现实中又出现了具有竞争性的语音时，更是如此。转写传统在多大程度上被比较好地保留下来，取决于转写员的受教育水平和专注度。如果转写员训练不足，或精力不济时，语音现实就会悄悄地显露出来。结合这一点，我们发现，早期官话的软腭音和齿擦音系列的对立被严格地保留在十八世纪编写的满语手册中，这些手册的编写目的是教授大家转写汉语，其中包括 1708 年的《清文鉴》和 1743 年的《圆音正考》（比较中嶋幹起（Motoki Nakajima）1994 和杨亦鸣、王为民 2003）。因此，有可能是这些早期参考书中出现的转写传统影响了我们 1761 年文本中的例子，从而产生了偏差。

最后，在我们 1761 文本的底层语言中，软腭音非常有可能已经硬腭化，同时我们怀疑齿擦音也发生了这种变化，从而导致这两个古老的声母系列发生了合并。如果事实果真如此，那么当时的底层语言显然已经选择了以北方语音为基础的音系，而不是试图维持着南方官话音系中的区别特征。

2.1.6　一些不规则现象

音节 shì"識"、shén"神"和 zhǐ"只"不仅在每个时期的南方官话中都是卷舌声母，而且在西方语法学家记录的十九世纪的官话中也都是卷舌声母。但在 1761 年文本中，它们却被频繁地拼为满文的 si"識"、sen"神"和 dz"只"。这些发音并不反映任何一种标准官话形式，所以显然它们还有着其他语音来源。

2.2　韵母

2.2.1　音节 bái"白"、bǎi"百"、zhǎi"窄"

这些音节在我们的 1761 年文本中一直拼为满文的 be"白"、be"百"和 dze"窄"。瓦罗将这些音节拼为 pĕ"白"、pĕ"百"和 çhĕ"窄"，作为南方官话形式的代表。在十九世纪的文献中，它们分别被拼为：

	白	百	窄
艾约瑟	pai^2, po^4	pai^2, po^4	$chai^3$
威妥玛	pai^2, po^1, po^2	pai^3, po^2	$chai^3$, tse^4
庄延龄	pai^2, po^2, pe^3	pai^3, pe^2, pe^3	$chai^3$, tse^3
司登得	pai^2, po^2	pai^2, po^2	$chai^3$

对于复合词中的"白"，司登得都将其拼为 pai^2，没有一个是拼为 po^2 的，当提到 po^2 时，他只是说可参见 pai^2。对于"百"，如果出现在普通复合词中，比如数词，他就将其拼为 pai^2；如果出现在书面复合词中，他则将其拼为 po^2，他还给出了两个这样的例子，并指示读者参见 pai^2。由此可见，对司登得来说，这些音节中的 -ai 才是北京话的真正读音。艾约瑟（1864a：53）写到，在北京官话中，人们实际上可能会听到"白"和"百"韵母的不同发音形式，比如 -ei、-ai、-e 或 -o 等，但他只列出了两个韵母变体：-ai 和 -o，是因为对于官话初学者来说，这两个韵母最为突出。①我们从以上材料中可以得出什么样的结论呢？在元音系统方面，满文转写中的 -e 与南方官话的 -e 是一致的。此处它们所代表的官话类型还没有采用北方方言的发音。但截止到十九世纪中期，北方方言中的 -ai 已经成为北方共通语的主流发音。旧读的 -e 音在

---

① 有意思的是，马礼逊（1815—1823，第二部分，第二卷，667 页）认为当时北京方言"白"和"百"的音节形式应该是 pei。他还指出在当时的北方官话中 pei 已经变成了主流的发音形式（1815—1823，第一部分，第一卷，18 页）。

庄延龄的时代仍然可以听到,威妥玛还知道它也可以是"窄"的韵母。另外,"白"和"百"还有一个文读音-o。在庄延龄记录的官话中,至少-o 与-e 还处于竞争状态。我们感兴趣的是,1761 年文本中记录的语言根本没有北京本地话的-ai。当时,文本中的例子仍然遵循着南方发音,直到后来发生了音变,才变为-ai。

2.2.2　否定词 *méi*"没"

在我们的 1761 年文本中,存在否定词被拼为 *mu*"没"或 *muio*"没有",当时还没有相当于现代标准汉语 *méi* 这样的双元音形式。瓦罗记录的南方官话将其拼为 *mŏ*[mʊʔ];马礼逊记为 *mǔh*[mʊʔ];艾约瑟拼为 *mei*²。威妥玛把这个意义的词记为 *mu*²、*mu*⁴、*mei*²、*mo*⁴,对于这些读音,他解释道:"*mo*、*mu* 表示'没(not)',*mei* 表示'没有(there is not)',*mei* 是 *mo yu* 的讹误。"(1867,第三部分,第 7 页)。威妥玛的观察似乎印证了罗杰瑞的推测,即 *méi* 是由"没有"的第二个音节 *yŏu*"有"中的起首滑音并入第一个音节中而形成的(1988:126)。罗杰瑞评论道:"北京音的声调是不规则的。从一个带有响音声母的入声调词中,我们可以推测出它的现代声调是一个去声(第四调)。"(1988:269,注 15)。对此,我们认为,上述的语音合并一定发生在诸如威妥玛记的 *mu*² 或司登得记的 *mo*² 这类音节中。但是,这些音节中的第二调是如何产生的仍然是个谜。我们目前可以肯定的是,在十九世纪中期的北京,这些音节中的第二调和第四调是竞争关系,可能是因为某种方言的干扰。最后,我们还不能确定这种语音合并是何时发生的。如果 *méi* 这种读音已经存在于十八世纪晚期,那么在我们的满文转写中 *mu* 这种读音就很有可能保留了南方官话的语音形式。但也有可能是,这种合并的形式当时在任何地区都还不存在。这个问题至今尚无定论。

2.2.3　音节 *báo/bó*"薄"和 *zháo/zhuó/zhe*"著"

在我们的 1761 年文本中,音节 *báo/bó*"薄"被转写为满文的 *bo*。瓦罗将其拼为 *pŏ* 作为南方官话的语音形式。在后期的材料中,我们发现:艾约瑟、威妥玛、司登得将其记作 *pao*²(或 *pau*²)、*po*²;庄延龄记为 *pao*²、*po*²、*po*⁴。*pao*² 很有可能是北京话的语音形式,而 *po*² 似乎是借自南方官话。正如 1761 年文本所反映的那样,当时北京音尚未进入共通语中。

音节 *zháo/zhuó/zhe～zhi*"著"在我们的 1761 年文本中有不同的用法。例如,它可以用作持续体后缀,也可以是某些多音节形式的成分,比如句尾词···*jo ni*"著呢"和···*lai jo*"來著",以及指示性状语 *je men jo*"這們著"("这么着,这样")。它也可以充当动词补足语(verbal complement),比如在 *peng jo liyoo ss cing*"碰著了事情"这样的句子中。最后,它还可以是某些复合词中的音节成分,例如:*jo gi*"著急"。在所有诸如此类的例子中,我们的 1761 年文本都将其拼为 *jo*。在南方官话中也有这样的现象,南方官话将这个字所有的用法都拼写为一种形式,比如,瓦罗将其拼为 *chŏ*[tsɔʔ]。艾约瑟一般用 *choh* 这种拼写形式代表"著",而对于"著"在北京话中的实际发音,他却给出了两种拼写形式:*cho*² 和 *chau*²,但他并未说明它们分别在什么情况下使用(1864a:57)。例如,在 *chau*¹ *puh chau*² *t'a*¹"招不著他"("找不着他")这一例中,他就将"著"拼为 *chau*²(第 181 页)。① 对于持续体后缀,艾约瑟评论到:"在山东的口语中,*chǐ*'之'后置于许多动词······这是一种口语形式,既未被书本规范化,也不是标准的普通话。讲标准普通话的人会读为 *choh*,而它可能是 *choh* 的一种讹误形式。"(第

---

① 这里的 *chau*¹ *puh chau*² 显然对应着现代标准汉语中的 *zhāobuzháo*"找不著",但是核心动词"找"的声调在此处并不一致。

192 页)据此,我们的结论是持续体标记的现代发音形式 *zhe~zhi* 在十八世纪中期被视为口语音和方言音。威妥玛认为 *cho* 是北京官话持续体后缀的正确读音(1867,第三部分,第 9 页)。他在字音表中还列出了一个可能的读音 *che*,但他在例子中从未使用过这个读音。他将"**著急**"拼为 *chao²chi²*(第三部分,第 83 页),并将其动词补足语的用法也拼为 *chao²*(同前,第 104 页)。庄延龄给出了 *cho¹*、*cho²*、*chao¹*、*chao²* 等几种形式拼读"著",但他并没有给出 *che* 或 *chï* 这样的发音形式。司登得将"**著急**"拼读为 *chao²-chi²*,但却把"**找著了**"和"**照著**"拼读为 *chao³-cho² liao³* 和 *chao⁴-cho²*。综合上述材料,我们可以发现,南方官话和 1761 年文本在"著"的所有用法上都只有一个读音。而我们所参考的十九世纪北方官话的材料显示,它们都以不同的方式打破了"著"这个字的语音一致性,为它的不同用法赋予了不同的读音。读音 *chao²* 可能是北方方言的一种语音形式,而 *chï*,如艾约瑟所言,具体指山东方言的读音。对我们来说意义重大的是,1761 年文本并没有采用这类方言读音。

2.2.4　音节 *jiē*"皆"和 *xiè*"懈"

这两个字在我们的 1761 年文本中拼写为 *giyai*"皆"和 *hiyai*、*hiyei*"懈",其韵母 *-iyai* 在南方官话中有相对应的形式,比如,瓦罗材料中的 *kiāy*"皆"和 *hiáy*"懈"。艾约瑟将这个韵母写作 *-iai*,但之后又注解道:"在北方普通话中,[it]并入了韵母 *-ie*"(1864a:47,脚注)。威妥玛和司登得将其记为 *chieh¹*"皆"和 *hsieh⁴*"懈"。庄延龄把"懈"记为 *hsie*,但却把"**皆**"记为两种形式:*chie* 和 *kai*。第二种语音形式似乎来源于南方。我们可以把它跟 *jiè*"**戒**"相比较,"戒"在我们的 1761 年文本中拼为 *g'ai*,而不是我们所预期的 *giyai*(比较瓦罗的拼写 *kiáy*"戒")。以上任何一例都清楚地表明,在十九世纪中期的北京,此类型的词韵母都读为 *-ie*,无论在标准官话中还是在地方土话中都是如此。如果 *-ie* 是十八世纪末期的地方口音,那么我们 1761 年文本里记录的这个韵母就是南方官话的发音。但也有可能是这一时期的标准北方官话确实将这个韵母读作 *-iei*,因为十八世纪末期的朝鲜转写员就是这样转写这个韵母的(Kim 1991:272)。

2.2.5　音节 *rén*"人"、*rěn*"忍",等等

这一类型的音节转写为满文的 *žin*[ʐịn],与它在南方官话中的语音形式一致,比如:瓦罗记为 *jîn*[ʐịn]"人"。我们所参考的所有十九世纪的材料都把这些词拼为 *jen* 或 *jên*,其中的韵母都含有一个中元音,很有可能与现代标准汉语中的中元音相同或相近。我们所用的满文文本会把汉语卷舌声母([ʐ]除外)后的韵母 *-in* 转写成 *-en*,这组平行对应历来如此。比如,我们在文本中发现 *jen*"**真**"、*šen*"**身**"之类的音节,在瓦罗记录的南方官话中都记为 *chīn*[tʂịn]、*xīn*[ʂịn]。此处我们看到的 *rén*"人"这类音节的韵母有可能保留了南方官话的发音特征。但也有另一种可能,就是当时北方正经历着 *-in*>*-en* 的语音演变,而这种音变尚未影响到 ʐ-声母的词。有趣的是,Kim 的朝鲜语转写材料并无迹象显示,十八世纪末期的北方话中,元音会在卷舌声母后发生这样的音变(1991:271)。我们的 1761 年文本中的语音系统显然比朝鲜语转写的音系更好。这一时期,北方官话的音系中在这类音节上一定发生了某种变异。

2.2.6　*zhǔ*"主"、*chù*"處"、*shū*"書"和 *rú*"如"类音节

这类音节在我们的 1761 年文本中拼为 *ju*"主"、*cu*"處"、*šu*"書"和 *žu*"如"。在南方官话中,这些音节的主要元音不是[u],而是另一个音,很可能是[ʮ],它可以看作是音位/y/的变体形式,比如,瓦罗记为 *chù*[tʂʮ]"主"、*ch'ù*[tʂʮ]"處"、*xū*[ʂʮ]"書"和 *jū*[ʐʮ]"如"。马若瑟(1730[1893],第 15 页)特别指出[u]代替了这个特殊的元音是他那个时代北京语音的一个缺

陷。而同样的[u]元音出现在我们所参考的所有的十九世纪北方官话的文献中。如果在1761年文本中/y/真的出现在这类音节中,我们可以预测它应该转写为满文的-ioi,就像它在 ioi "于"、kioi"取"和sioi"须"这类词中一样。满文用-u转写这些音节中的元音,说明在十八世纪末期,北方人讲共通语的时候在这些音节中会避免使用南方官话的元音,转而支持自己的本地发音[u]。

2.2.7　音节 fēng"豐"和 fēng"風"

这些字在整个南方官话的发展史上都有圆唇元音,比如,瓦罗记为 fūng"豐"和 fūng "風"。在我们的1761年文本中,它们分别被转写为 feng 和 fung,而现代朝鲜语转写材料显示,在十八世纪末期,在所有的此类音节中都有圆唇元音(Kim 1991:269)。艾约瑟把它们都拼为 fung,但他评论道,当时的北京本地人在"某些词"中会把它发成 feng,他认为这是一个"错误的"发音(第69页)。我们所参考的所有的十九世纪后期的材料都把这类词写作 feng,司登得还将其确认为北京本地话口音。这种非圆唇读音在北方土话中究竟存在了多久呢?如果在十八世纪末期它就已经出现了,那么我们看到的关于 fēng"豐"的满文转写有可能就是它向北方口音转变的体现,也就是艾约瑟所评价的那样。

2.2.8　音节 gē"哥"、kě"可"、é"鵝"

这些字用满文转写为 ge"哥"、ke"可"和 é"鵝"。它们在南方官话中原本是圆唇元音,比如,瓦罗记为 kō"哥"、k'ò"可"和 gô"鵝",十九世纪的材料也将这些元音写作-o。对此,艾约瑟提到:"这个韵母 o 在黄河以北的大部分地区听起来像 u,又像英语单词 cow、how 中双元音的第一个元音"(1861a:51)。此处讨论的双元音按照艾约瑟的英语发音可能是[ʌu]或[əu],而此处讨论的汉语元音可能是[ə]或[ɤ]。这可能也是1761年文本中转写成满文 e 的音。如果事实如此,就说明北方元音在这类音节中已经代替了南方的圆唇元音。

2.2.9　zhàn"佔"、shàn"善"、rán"然"类音节

这类音节在我们的满文文本中转写为 jan"佔"、šan"善"和 žan"然"。在我们所参考的所有十九世纪北方官话的材料中,它们也都有韵母-an。在南方官话中,它们的韵母是-en,比如,瓦罗将其记为 chén"佔"、xén"善"、jên"然"。马礼逊将这类音节的韵母仍然拼写为-en,他说它们的韵母发音"如同英语单词 men 一样,但就更长一点"(1815—1823,第二部分,第二卷,第50页)。艾约瑟(1864a:50)注意到了马礼逊的观点,但他认为,他那个时代这类音节中的元音在普通话中一般发为 a,"如同英语单词 father 中的 a 一样"。综上,我们1761年文本的底层语音有可能受到北方土话的影响,出现了-an 代替-en 的现象。

2.2.10　音节 mǎn"满"

这个音节对我们来说代表一个类别,比如 bān"搬"、bàn"半"都属于这个类别,但这个类别中的其他词恰好没出现在我们的文本中,所以我们只能用"满"做代表。它用满文转写为 man。在南方官话中,这个音节一直都读为 muòn[muɔn],直到十八世纪中期才开始渐渐变为[muan]。马礼逊把它写作 mɯan。在我们所参考的十九世纪北京官话材料中,它被拼为 man³。对于这个韵母,艾约瑟评论说:"我更喜欢把它拼为没有介音 w 的韵母,因为尽管我在一些省份的方言中听到过介音 w,但在讲普通话的城市里,本地人都不会带介音 w"(1864a:50)。综上可知,在我们的1761年文本的语言底层中,北方城区口音中的-an 已经代替了-uan。

2.2.11　zhèng"正"、chéng"成"、shèng"聖"类音节

这些音节在我们的1761年文本中拼为 jeng"正"、ceng"成"和 šeng"聖"。在南方官话中,贯穿整个马礼逊时代,它们的韵母都是-iŋ,比如,瓦罗记为 *chíng*"**正**"、*ch'íng*"**成**"、*xíng*"**聖**"。在十九世纪的北方官话材料中,这些字的韵母一直都拼为-eng。此处与上述 2.2.5 节中的情况差不多。在 2.2.5 节中,北方官话将 *zhēn*"真"和 *shēn*"身"这类音节读作 *chen*¹ 和 *shen*¹,而南方共通语则将这类音节的韵母读作-in。根据艾约瑟对此类现象的观察,这类-in 韵母可能是南方的读法,但"在讲普通话的省份中,所有这类词中的元音 *E* 都代替了 *I*"(1864a:49)。这似乎说明,*e* 代替 *i* 是共通语语音向北方土话语音模式靠拢的一个例子,而我们的 1761 年文本恰好反映了这种音变。

2.2.12　一些不规则现象

在南方官话和北方官话中,韵母-*in*/-*ing* 和-*en*/-*eng* 中的韵尾理论上来说是对立的。但在我们的 1761 年文本中,却出现了一个值得注意的倾向,就是两个韵尾的混用,比如,*jen*/*jeng*"**真**"、*gin*/*ging*"**谨**"、*jin*"**竟**"(此处预期的拼写是 *jing*)、*jeng*"**斟**"(此处预期的拼写是 *jen*),等等。这种现象不可能是因为倾向北方官话或南方官话的语音而造成的。它肯定反映了某种方言干扰。

2.3　声调

汉语的声调没有反映在满文转写中。该文本也没有任何机制可以区分入声调(即喉塞音韵尾)音节和开音节。马礼逊(1815—1823,第一部分,第一卷,第 18 页)特别指出在他那个时代,无法区分入声调音节是北方汉语或"鞑靼"汉语的一大缺陷。这会不会正是 1761 年文本中语言的一个特点,我们尚未可知。

3. 语法规则及虚词(functors)

3.1　句尾词

1761 年文本的一个尤为突出的特点就是记录了丰富的句尾词及其连用形式,而它们大多未见于南方官话材料中。例句如下:[①]

i) ...*jo ni*"**著呢**"

(1) *ta dzai giya lii deng jo ni*
　　 他在家裡等著呢[55a]
　　 "He is waiting at home.(他在家里等着呢)"[②] 　　　　　　　　　　　　[伟烈亚力　94]

----

① 此处给出的英语翻译是伟烈亚力(1855)添加在平行的满语语料中的译文。对于伟烈亚力在 1761 年文本开篇处所做的例句注解,参见其引言部分(页码:lxxiii)。另外,他还对 1761 年文本中的满语进行了逐词对译,同时交代了他翻译成英语的过程。

② 在此例中,*jo*"著"和 *ni*"呢"连用表示一种持续状态或连续义,在现代标准汉语中,这种用法非常普遍。同义的满语句子是:*i boode aliyahabi*(他/房子 + 地点(locative)/等待 + 非完整体(imperfective)),这句话的字面义是"He has waited at home.(他已经在家里等着了。)"。在南方官话的参考文献中,只有马若瑟的语法书记录了句尾词 *ni*"呢"。而且,研究南方官话的欧洲语法学家都没有识别出 *chǒ*"著"的持续义。在南方官话文本中也并未出现过"著""呢"连用的形式。

ii) ...ba "罷"

(2) *o suwan ji jo ni. siyang ši wang o men giya lii lai liyao ba*

我算計著你，想是往我們家裡來了罷[6a—b]

"Thinking of you, I certainly thought you would call at my house.（我心想你应该是往我们家来了吧。）"

［伟烈亚力　38—39］

(3) *bu gioi dzen mo yang de da giya dzo hiya chi ba / yung je lii hing dzo ši mo*

不拘怎樣的大家坐下吃罷，用這禮行作什麼[39b—40a]

"When all are sitting eating together in common, why use this ceremony?（大家坐下吃吧，不必拘礼。）"

［伟烈亚力　77］

iii) ...liye "咧"

(4) *a ge o kioi liye*

阿哥我去咧[55a]

"Very well. I am going, brother.（哥，我去啦。）"

［伟烈亚力　94］

(5) *o dz he liyoo i jung gio tsui liye*

我只喝了一鍾就醉咧[60b]

"I have only drunk one cup, and am quite tipsy.（我只喝了一钟就醉了。）"

［伟烈亚力　100］

iv) ...ba liye "罷咧"

(6) *dzung ši ni men ye de ting di jiyan di a. he bi mang ba liye*

總是你們也得聽的見的啊。何必忙罷咧[4a]

"You yourself will also hear. Why are you so impatient?（你们迟早也会听见的，何必这么着急?）"

［伟烈亚力　36］

(7) *bu jhi dza men šo h'ao / in žin k'an jiyan mu io bu ai di. na tsai ke i šo de ki ši h'ao dung si ba liye*

不止咱們説好；人人看見沒有不愛的，那纔可以説得起是好東西罷咧[12b]

"It is not only what we call good；but everyone who sees it admires it；that then may be called a good article.（不只咱们说好，要大家都说好，那才是真的好。）"

［伟烈亚力　45］

在现代标准汉语中，句尾复合词-*bale* "罷了" 在用法上对应此处的 *ba liye* "罷咧"。而我们1761年文本中出现的 *ba liyao* "罷了" 采用的则是它比较古老的用法，即用作完整的谓语表达（verbal expression），表示"就这样吧，到此为止了"之类的意义。例句如下：

(8) *žo ši i o di ju i. ta bu wang jo ni kai keu siyūn ba liyao*

若是依我的主意，他不望著你開口尋罷了[14a]

"If you follow my advice；when he does not ask it from you with his own mouth, take no notice.（依我看，他要是不向你开口，你就别管。）"

［伟烈亚力　47］

(9) *ni dzen mo je yang bu jhi dzu. du siyang ni ye ba liyao a*

你怎麼道樣不知足。都像你也罷了啊[24a]

"Why can you not thus make yourself contented? If all were like you, they would do.（你怎么这么不知足？如果人人都像你也就算了。）"

［伟烈亚力　59］

v) ...*lai jo*"**來著**"

(10) *ni dzai na lii lai jo*

你在那裡來著[3b]

"Where have you been?（你在哪里来着?）"①   ［伟烈亚力   35］

(11) *žo ši ting jiyan. g'ai dang hu hi kioi / lai jo*

若是聽見，該當賀喜去來著[5a]

"If I had heard of it；I should have come to congratulate you.（早知道，该去恭喜你来着。）"   ［伟烈亚力   37］

vi) ...*lai jo ba liye*"**來著罷咧**"

(12) *je i ge ye giyoo o. na i ge ye sioūn o. yuwan boo / liyoo ni men. ši h'ao sin lai jo ba liye*

這一個也叫我，那一個也尋我；原保了你們，是好心來著罷咧[78a—b]

"This one is calling me；that one is seeking me. I became security for you at first；merely from kindness of heart.（这个也叫我，那个也找我。我当初担保你们，仅仅是出于一片好心罢了。）"②   ［伟烈亚力   119］

这些句尾成分，即使不是全部，也是大部分出现在小说《红楼梦》(1791 出版，但很有可能可以追溯到 1760 左右)中。艾约瑟(1864a；97)说，这部作品，连同另外两部，堪称他那个时代"最正宗的普通话"，是北京官话作品的典范。③由于此处我们所讨论的虚词并未出现在南方官话中，所以它们似乎是从北方地区的土话中进入共通语的北方变体的。

3.2   程度副词 *hěn*"**狠**"（现在写作"**很**"）

hen"**狠**"这个词在我们的 1761 年文本中相当常见，通常用来加深静态动词和某些其他动词的程度。南方官话中根本不用这个词，因为南方官话会用诸如 *xín*"甚"和 *kiě*"极"这类词表达同样的意义。在我们的文本中，*šen*"甚"确实出现过，但就像在例(13)中这样相当罕见。

(13) *yen ši jung žin di ss. šen nan*

因是眾人的事，甚難[7b]

"Being the business of everyone, it becomes very difficult.（因为是大家的事，所以非常难。）"   ［伟烈亚力   40］

hěn 在元代已经通行于北方，可能在我们的文本写就之时就已经从北方变体中引入官话共通语，而且即将取代诸如 *shèn*"**甚**"这类词。艾约瑟(1864a；97)说，"狠"以外的这些词在他那个时代已经被认为是"不太口语"的表达了。

---

①   此句对应的满语例句是：*si aibide bihe*(你/哪里 + 地点(locative)/存在 + 完整体(perfective))。汉语的 *dzai*"在"直接对应着满语的 *bi-*"存在"，*lai jo*"**來著**"则译为满语的完整体后缀 *-he*。

②   最后一个小句的满语文本是：*sain mujilen bihe dabala*(好/心/系动词(copula) + 完整体(perfective)/句尾词(final particle))，其字面义是"仅仅是(因为我)好心"。此处，*lai jo*"**來著**"对应着完整体后缀 *-he*，而 *ba liye*"**罷咧**"则译为限制性句尾词 *dabala*"仅仅"。

③   艾约瑟提到的另外两部作品是《**圣谕广训直解**》和最近出版的流行小说《**品花宝鉴**》。

3.3　否定

在 1761 年文本中，表禁止义的否定结构是：*biye*"**别**" + 动词。这种结构并未出现在南方官话的材料中。南方官话的否定结构有：*pŏ iáo*"**不要**" + 动词，*piĕ iáo*"**别要**" + 动词，以及不同的文言否定结构，比如，*mŏ*"**莫**" + 动词。艾约瑟确认了这三种口语表达形式在他那个时代的北方官话中都是正确的。威妥玛在自己的文本中使用的是 *bié*"**别**"，但他提到 *búyào*"**不要**"这种形式也是可以的。司登得给出了 *bié* 和 *búyào* 两种形式作为北京方言的否定形式，而他并不知道 *biéyào* 这种形式。由此可见，在清代，*búyào* 是官话表禁止义的一般形式，*biéyào* 很可能是南方官话的基本形式，而 *bié* 是其北方官话的对应形式。到了十九世纪后半叶，纯粹的南方官话形式在标准官话中已经消失。一般形式 *búyào* 和纯粹的北方形式 *bié* 被保留了下来，并一直沿用至今。

在我们的文本中，表完整体的否定词是 *mIu*"**没**"或 *mu io*"**没有**"，与表存在义的否定词在形式上是一样的。这种形式上的一致性是现今各种官话变体（Mandarin dialects）的一般特征，很可能有着相当长的历史。在南方官话中，有三个地位平等的通行形式，即：*mŏ ièu*"**没有**"、*uí çh'êng*"**未曾**"和 *pŏ çh'êng*"**不曾**"。在我们 1761 年文本中，只出现过一例使用 *bu tseng*"**不曾**"的句子：

(14) *ni wei ši mo bu hiyo ma jiyan. yen wei mu io ma bu tseng hiyo*

你為什麼不學馬箭。因為没有馬不曾學[45a]

"Why do you not learn horse archery? I have not learnt, because I have no horse.
（你为什么不学马箭？因为没有马，所以不曾学。）"　　　　　　　　[伟烈亚力　40]

艾约瑟和司登得不仅给出了 *méiyŏu*，而且也给出了 *bùcéng* 和 *wèicéng* 这两种形式，它们都是正确的形式，但只有"没有"依然通行于现代标准汉语的口语中。也许曾经发生过这样的变化，即南方官话的两种形式，*bùcéng* 和 *wèicéng*，逐渐让位于共通语的北方变体形式 *méiyŏu*。有趣的是，我们 1761 年文本似乎预测到了这种发展，而十九世纪语法学家的论述虽然表现出疑惑，但最终仍选用了南方官话的形式。

3.4　后缀 *ér*"**兒**"

在我们的文本中，后缀 *el*"**兒**"随处可见。例句如下：

(15) *dzung mu jiyan ni i dzau el jeng kioi*

總没見你一遭兒真去[2b]

"I have never yet really seen you go.（从没见你真去。）"　　　　　　[伟烈亚力　34]

(16) *o liyan ing el ye mu de ting jiyan*

我連影兒也没得聽見[4b]

"I never heard anything about it.（我从来都没听说过。）"　　　　　　[伟烈亚力　37]

(17) *tang žo wang jo ta kioi šang liyang i giyan sin fu di ss el. dz ši feo miyan pi el di da ing.*［♯*z*］*o siyang/na yang di. io ši mo kioi el*

倘若望著他去商量一件心腹的事兒，只是浮面皮兒的答應。若想那樣的，有什麼趣兒。[5b—6a]

"...yet if one goes to consult them on an affair which occupies his heart; they do not interest themselves beyond what the mere rules of politeness claim. What is the advantage of such kind of conduct? （如果有人去跟他们商量一件烦心事儿，他们表面上客客气气的，但其实并不在意。那这样做又有什么好处呢?)"

[伟烈亚力　38]

南方官话中也有与之对应的后缀 *ûl*（马若瑟记为 *eûl*），但并不常见。而我们文本中出现的 el 有一些功能是南方官话材料中的 *ûl* 所没有的。比如，它可以出现在状语结构 el di 中，如下例所示：

(18) *mu fa el kiyang ja dzeng jo g'ang g'ang el di h'ao liyoo*

没法兒强扎挣著剛剛兒的好了[37a]

"In that weak state, I exerted myself; and am restored to convalescence.（我在病中苦苦支撑着，现在才慢慢好转起来。）"

[伟烈亚力　7]

这种类型的状语结构催生出现代标准汉语中类似 *mànmānrde*"慢慢儿地"这种表达，但它在南方官话中却从来没有出现过。瓦罗谈到 *ér*"兒"时说，"这个 *ûl* 在北方省份中非常常见，一般用在句尾或一段话结尾，是一种像叠句（refrain）一样反复出现的成分"（柯蔚南&Levi 2000:71)。差不多一个世纪之后，马礼逊将这个词的性质描述为"仅有其声的虚词（particle)，多用于北方人和鞑靼人的话语中"（1815—1823，第二部分，第二卷，第 137 页)。这个虚词在我们 1761 年文本中出现的频率很高，这很可能反映了北方方言对北方共通语语法结构的影响。

此处比较有意思的方面是 *ér*"兒"在形态-音位（morphophonemics）介面上的功能。目前比较清楚的是，无论是我们文本中记录的语言，还是南方官话，都将该后缀当作一个独立的音节。但当我们考察到十九世纪的材料时，却发现了不同的情况。威妥玛（1867，第二部分，第 85 页，注释 9)发现 *ér* 与其前置音节发生了完全融合（fusion)，由此产生了一个次音节后缀（subsyllabic suffix)-rh；他遵循着这一规律，将他自己所用的文本中所有带"儿"的复合词都转写成合音形式，除了下面这一例：*i-'hui-erh*"一會兒"（第一部分，第 290 页)。艾约瑟的观点比较含糊。比如，他说，"当'兒'*rĭ* 在一个词后面做后缀时，它听起来像是前一个词的韵尾 r，这种情况经常发生。与此同时，它自己的声调也消失在它所并入的前一个词的声调中。"（1864a:19)此处提到"经常"一词，似乎暗示着在当时的共通语中存在着这个词的两读形式，即合音形式和非合音形式在这一时期都可以听到。我们可能会怀疑此处所讨论的合音特征其实会不会是十九世纪中期北方土话的特征。艾约瑟接下来的论述使这个问题更加清楚了些。比如，他说，"'兒'*rĭ*…在北方省份可以自行附着在几乎所有实词上，听起来像 *err* 或一个单独的 *R* 音"（1864a:107)。他还说，"在北方地区，当出现后缀'兒'时，它前面一个音节的前后鼻音韵尾经常脱落。比如类似 *pan*、*fang*、*fen*、*pien*、*feng*、*yin*、*ting*、*ti* 这样的音节，都会变成 *par*、*far*、*fer*、*ier*、*fur*、*yir*、*tir*，同时保留它们原有的声调。"（1864a:49)。最后，他说，"'兒'*rĭ* 这个后缀附着于实词和其他词的现象在北方地区非常普遍，而且很容易就被纳入它所附着的词的音节里。于是，前后鼻音韵尾和元音都被替换为 r，而该词的声调仍然保留着，但后缀的声调就脱落了。"（1864a:101)。上述引文中出现了两个要点。第一，后缀 *ér* 并入其前置音节的融合特征是艾约瑟那个时代北方土话的一大特色；第二，这个词有合音和非合音两读形式，体现了北方土话中不同的语音变体。因此，我们可以猜想北京官话中的融合特征和两读特征其实反映了不同方言的语音特点。那么在北方方言中这种现象是始于何时的呢？它是与我们 1761 年文本同时代出现的现象呢，还是晚于我们文本产生的时代呢？这仍然是一个开放性问题。

4. 词 汇

我们的 1761 年文本提供了丰富的语料，可以作为与南方官话进行词汇比较的基础。在本文中，我们仅挑选其中的一小部分词汇进行分析。

4.1 *gěi／jǐ*"給"

在现代标准汉语中，表给予义的常用词是 *gěi*"給"。它可以出现在连动结构（serial verb constructions）的动词前，作为一种与格（dative）成分或受益格（benefactive）成分。有时，它也可以出现在动词后，充当动词补足语。在南方官话中，表给予义的词是 *iù*"與"（= 现代汉语拼音拼为 *yǔ*），它也有前置于动词和后置于动词的用法，相当于现代标准汉语 *gěi* 的用法。而南方官话中根本不用 *gěi* 这种形式。在我们 1761 年文本中，有两个不同的词共同承担着现代标准汉语 *gěi* 的所有功能。第一个词比较常见一些，是 *ji/gi*"給"。第二个是 *ioi*"于"。正如我们在 2.1.5 节中所讨论的那样，在我们文本的底层语言中，无论是拼成 *ji*，还是拼成 *gi*，它的发音一定是[tɕi]。而且值得注意的是，在我们的文本中这个词没有读如 *gei* 的形式。而 *ioi*"于"这个词其实与刚刚提到的 *yǔ*"與"相同，但此处写作"于"。"與"这个字并未出现在我们的文本中。事实上，甚至连表示"和，同"义的 *ioi* 在我们的文本中也写作"于"。①

以下各例是 *ji/gi* 和 *ioi* 的几种不同的用法：

i) *ji/gi*"给"

a. "给予"义

(19) *ni he ta šo. dao di gi bu gi. žo ši šo ji. žin ye jhi wang jo siyang de*

你合他説到底給不給。若是説給，人也指望著想得[16a]

"Say to him. Now then, will you give it or not? If you wish to give it; others will think they may expect to obtain.（你问他到底给不给。如果说给，别人也有点盼头。）"

[伟烈亚力 50]

b. 前置于动词

(20) *ta di hūwa šo ši i de hin. ji ni sung kioi gio wan liyao*

他的話説是一得信，給你送去就完了[7b—8a]

"He said, if he should obtain information, he would send it to you; that was all.（他说一有消息，就会告诉你的。）"

[伟烈亚力 40]

c. 后置于动词

(21) *žu ši na men yang. mei ži lai liyao du giyoo ji ni men ši mo hūwa*

如是那們樣，每日來了都教給你們什麽話[34a]

"That being the case; coming to see you every day, what kind of instruction does

---

① 例如：76a：*oši ioi ta hing dzeo gʻo di* 我是于他行走過的。伟烈亚力 116："Since I have been in his company...（我与他一同走过……）"

he give you?（如果是那样,那他每天来都教了你们什么呢?)"　　　　　　[伟烈亚力　71]

ii) *ioi*"于"

a."给予"义:无例

b. 后置于动词

(22) *de liyoo ši žin sung ioi ni kioi*

得了使人送于你去[54a]

"If I get any, I will send a man to you with them.(我拿到会派人给你送去的。)"

[伟烈亚力　93]

c. 前置于动词和后置于动词

(23) *a ge ni io man jeo šu. giye ioi ji ben. o cao liyoo niyan. wan liyoo gio ioi ni sung hūi lai?*

阿哥你有满洲书,借于幾本。我抄了念,完了就于你送回来[54a]

"If you have any Manchu books; pray lend me a few volumes; that I may copy them. When I have done, I will bring them back to you.(哥,你要是有满语书的话,借给我几本。我把它抄下来读,抄完就给你送回来。)"① [伟烈亚力　93]

从上面的例句中,我们可以看出,*ji/gi* 既可以用作表"给予"义的独立动词(full verb),又可以用作前置于动词或后置于动词的格标记(case marker),而 *ioi* 则不能用作独立动词,它在1761 年文本中只有格标记的功能。

艾约瑟记录了他那个时代北京官话的 *gěi* 和 *yǔ*,发现上述三种用法它们都有。他认为 *gěi* 的标准发音是 *tsi*³(即[tɕi]),但在北京口语中的发音是 *kei*³(1864a:56,57)。在他给出的例句中,他似乎更喜欢用 *kei*³ 这种形式。威妥玛只记了 *gěi*"給"一个词,关于这个词,他说,"*kei*,正音是 *chi*,表'给予'义,后接某人或为某事"(1867,第三部分,第 15 页)。像威妥玛一样,司登得也用 *gěi*,而不用 *yǔ*"與"。②他将 *gěi* 记为 *kei*³。他还列出了 *chi*³,作为 *kei*³ 的语音变体,但在他编著的字典词条中,却从未用过这个变体。

综上所述,我们可以得出以下几个结论。根据我们 1761 年文本中所记录的北方官话,我们更倾向于认为 *gěi*"給"这个词(实际发音是[tɕi])是"给予"义及其相关格标记功能的词源。南方官话中的 *yǔ*"與"(在我们的文本中写作"于")当时也在使用,但显然是不太常用的形式,而且仅限于格标记的功能。到十九世纪中期,*yǔ* 在北方共通语中逐渐退出日常交际,最终完全被 *gěi* 所替代。另外,这个词早期的标准读音[tɕi]也被北京话读音[kei]所替代,并一直沿用至今,成为现代标准汉语的通用读音。读音[tɕi]仍然保留在艾约瑟和威妥玛那个时代的"标准(proper)"共通语中,但它并不用于日常口语。如今,这个读音只用于一些表"供给"义的书面语词汇中。

4.2　替换形式 *dōu*"都"、*hái*"還"、*le*"了"和 *ma*"麼～嗎"

此处我们将要讨论的是这些字在现代标准汉语中的读音实际上是替换的结果,即北方方

---

①　这句的满语和汉语都表示"我可以把它们抄下来读……",而伟烈亚力的译文忽略了"读"这个词。

②　司登得确实引了一个 *yǔ* 表"给予"义的例子,但这个例子相当奇怪:*yü*³-*jên*²-*wu*⁴"與人物""to give a person anything(给某人某物)"(第 629 页)。这应该是一种文言的表达。

言词汇替换了早期的共通语词汇。在每一个个例中,早期汉语共通语中的汉字被保留了下来,用来代表替换后的读音。

i) *dōu*"**都**"。这个表示"全"的词在我们的文本中是 *du*"**都**",直接对应着南方官话的 *tū* "**都**"。艾约瑟将标准官话中这个表示"全"的词记为 *tu*[1];但他又说北京话读作 *teu*[1],而他认为这个音是一个"错误"的读音(1864a:69),即:他觉得说官话的时候这样读是不能接受的。威妥玛和庄延龄则把这个表示"全"的词记为 *tu*[1] 和 *tou*[1] 两个读音变体,并没有在可接受度上做出任何评论。司登得只给出了 *tu*[1] 一种形式作为可接受的读音形式。翟理斯(1892)辨认出读音 tou[1] 是北方方言的语音形式。总之,标准南方官话中表示"全"的词在整个明清时期都是[tu]。这个词也在我们 1761 年文本中使用。到十九世纪中期,共通语中才出现[tou]这种竞争形式。这个读音被艾约瑟和翟理斯视为北方方言词读音。它最终代替了[tu],成为现代标准汉语中"都"(表示"全")的标准读音。尽管[tʉ]和[tou]这两个词传统上都写成同一个汉字,但要解释北京话的[tou]在这一时期是早期形式[tu]在音系上的直接派生是不可能的,因为在北方官话方言中,从未发现韵母的语音可以这样演变。北京话的[tou],虽然可能在词源上与南方的[tu]有关,但它一定有一个更为复杂的演变历史。这个问题值得进一步研究。

ii) *hái*"**还**"。在我们的文本中,这个表示"仍"的词读为 *hūwan*,汉字写作"**还**",与南方官话中的 *huān*"**还**"(表示"仍")相当。但其实,至少在十六世纪,中国北部就已经有一个表示"仍"的词,据 Chwe Sejin 所说是 *hái*"**孩**"的同音词(Kim 1991:218,注释 1)。艾约瑟(1864a:206)给出了 *hwan*[2] 和 *hai*[2] 两种语音形式,都表示"仍",并指出后一种是"口语形式"。在艾约瑟(1864b:66)中,他给出了三种不同的语音形式:*hwan*[2]、*han*[2] 和 *hai*[2]。威妥玛(1867,第三部分,第 13 页)只给出 *han*[2] 和 *hai*[2] 两种语音形式表示"仍",而将 *huan*[2] 保留为"返回,偿还"义。司登得给出了 *huan*[2] 和 *hai*[2] 两种语音形式表示"仍"。总之,[xuan]在整个南方官话的历史中都是表示"仍"的词,而它也是我们 1761 年北方官话文本中唯一使用的词。但在北方,确实存在着一个非常古老的表示"仍"的方言词[xai],并在十九世纪中期进入标准北方官话中。它作为现代标准汉语词沿用至今,并完全替换了[xuan]。除了这两个词,在十九世纪中期的北方官话中还有第三个表示"仍"的词:[xan]。我们对这个词知之甚少。它究竟是[xuan]的一个方言同源词,还是北方官话一个误读的语音?或者是南方标准音[xuan]和北方音[xai]的混合体?又或者是其他什么词?无论是哪种情况,它都不再用于现代标准汉语中。这三个词都写作汉字"**还**"。但写成同一个字并不代表它们之间有词源关系。它们的历史仍值得进一步的阐释。

iii) 动词助词和句尾助词 *le*"**了**"。在我们的文本中有一个用满文拼写为 *liyao* 或 *liyoo* 的音节,汉字写作"**了**",充当动词助词和句尾助词。例句如下:

(24) *biye di i dzung ss šang yao kioi. io kung pa ni lai. hen tsao liyao sin liyao*
　　　别的一宗事上要去,又恐怕[你]来,狠糟了心了[6b]
　　　"I had other business I wished to attend to; but I was afraid you would come. I was very vexed at heart.(我有别的事要去处理,但又怕你要来,真是让人心烦意乱。)"
　　　　　　　　　　　　　　　　　　　　　　　　　[伟烈亚力　39]

(25) *so i zin* [*sic*] *jo i el dzeo. tsai hiyo yan liyao. ceng liyao i ge bu jang jin di žin liyao*
　　　所以任著意兒走,纏學厭了,成了一個不長進的人了[19a—b]

　　"Acting according to his own mind; he is for ever learning; thus he is a man who makes no advance.（他干什么都由着自己性子来，学什么都学不成，就变成一个不长进的人了。）" 　　　　　　　　　　　　　　　　　　　　　　　　　　　　　　［伟烈亚力　53—54］

　　这个助词相当于南方官话中的 leào"了"，也用作动词助词和句尾助词。艾约瑟和司登得只记录了一个词 liao³"了"，既可以出现在句中，也可以出现在句尾，而且并没提到这个字有变读形式，这与我们文本中的记录是一致的。但是，艾约瑟发现北京话中还有另外两个句尾助词：la¹"啦"和 lo¹"咯"，尽管如此，他还是把它们看成与 liao³"了"无关的助词（1864a：217）。威妥玛有一个新的见解。他认为句末位置的汉字"了""往往"被读成 la 或 lo（1867，第三部分，第 7 页和第 85 页），而作为动词助词的"了"，仍然读 liao³。庄延龄给出了 liao 和 le 两种变读的语音形式，但并未说明它们用在句中什么位置。无论是在论述北京话的时候，还是谈及其他官话方言时，他都提到了这两个变体。到了 1900 年前后，标准官话的西方教科书都把汉字"了"拼为 lo 或 le，无论是在句中还是在句末。我们无法确切地知道助词 le 这种形式发展了多久，或它是怎么出现的。也许它是 liǎo"了"的某种弱化，又或者有一个不同的来源，像赵元任（1968：246）推测的那样。它可能源于北方方言。但我们 1761 年文本中的北方官话共通语又不使用这个词。艾约瑟似乎知道它是北京地方话，但并不把它写成"了"字。司登得直接忽略了它。虽然艾约瑟和司登得都没说清楚，但威妥玛阐述得很明白，他说 le 开始出现并真正用在句末是在十九世纪六十年代的标准北京官话中。庄延龄的材料也支持这一点。在之后的某个时期，它也出现在动词后。但我们还不知道，后置于动词的用法是来自句尾助词的一个混合片断（contamination），还是直接从北京话或其他土话中引入的。无论是哪种情况，在现代标准汉语中，它在日常口语领域已经取代了更为古老的形式 liǎo。而 liǎo 这种古音目前在戏曲领域中还能听到。

　　iv）疑问词 ma/mo"麼"。我们文本中的句末疑问词 mo"麼"相当于南方官话中的 mò"麼"。艾约瑟一般也用 mo¹"麼"作为句末疑问词。但他说，还有另一个词 ma 也有同样的功能（1864a：218）。他说 ma 其实是一个"古音"，而且"频繁地出现在口语交际中"。他继续补充到，有一个新造字"嗎"专门用来记这个音。威妥玛将这个疑问词写作"麼"，拼为 mo¹，但在他的音节文字表里，他又给出了 ma³ 作为变读音节。其实他列在音节文字表里的"嗎"字（拼为 ma³），从未在文本中真正使用过。司登得给出 mo¹ 和 ma¹ 两种形式作为"麼"的读音变体。庄延龄也给出了 mo¹ 和 ma。此处我们似乎要处理两个不同的句末疑问词。mo 是南方官话的标准形式，也是我们 1761 年文本所采用的形式。但在十九世纪中期，一个竞争形式 ma 也出现在标准语中。如果艾约瑟是对的，那么它就是一个古词。这个助词 ma 也许在北方方言中已经使用了相当长的一段时间，但我们并没有证据去证明这一点。我们只能说，在十九世纪六十年代之前，它就已经开始渗入标准北方官话，但在我们 1761 年文本中，还未见到它的踪影。"嗎"这个字，据艾约瑟所说是专门造出来代表 ma 的，这一点在《红楼梦》中也得到了验证，因为《红楼梦》与我们的满文转写材料是同一时期产生的。

4.3　方式指示词（deictic manner-words）

　　我们文本中记录的官话有一整套赵元任（1968：658—659）称之为"代副词（pro-adverbs）"的词，即"这样、那样"类的方式词，是在表近指和远指的指示代词的基础上形成的。这组词如下所示：

je yang 這樣	*je men* 這們	*je men yang* 這們樣	*je men jo* 這們著
na yang 那樣	*na men* 那們	*na men yang* 那們樣	*na men jo* 那們著

南方官话有一套不同的系统：

ché iáng 這樣	*ché tèng* 這等①	*ché tèng iáng* 這等樣	*ché mû iáng* 這模樣
ná iáng 那樣	*ná tèng* 那等	*ná tèng iáng* 那等樣	

以下这组见于艾约瑟的著作中：

che⁴mo¹ 這麼	*che⁴yang⁴* 這樣	*che⁴mo³yang⁴* 這麼樣	*che⁴mo¹cho¹* 這麼著
		na⁴mo¹yang⁴ 那麼樣	～*tsen⁴mo¹cho¹*

对于这类词，艾约瑟观察到，"在北京，'們'*men²* 经常用来代替'麼'*mo³*，如在'這們高'*che⁴men¹kau¹*'so high（这么高）'中。这是一种不规则形式，也是北京话不同于标准官话的例子之一。如：*wo³chi¹tau⁴shi⁴che⁴men¹cho¹*［**我知道是這們著**］，I know that it is so.（我知道是这么着。）"（1864a：204，注释）。

以下这组例词是从威妥玛语法书的口语对话部分中整理出来的：

這麼	這麼樣	這麼著
這們		
那麼	那麼樣	那麼著
	那們樣	

威妥玛对这些词的评论如下："*mo* 有时写作 *mên*；但却发为 *mo* 音。"（1867，第六部分，第85 页）。根据艾约瑟同时代的评论，威妥玛的论述似乎是指，在这类表达中的音节 *mên* 是北京话的发音，因此应该避免在标准官话中使用。所以，即使这类词可以用"**們**"字来书写，它也应该读成"**麼**"的发音。

最后，我们从司登得的词典中找到了一组类似的词：

che⁴-mo¹ 這麼	*che⁴-yang⁴* 這樣	*che⁴-mo¹-yang⁴* 這麼樣	*che⁴-mo¹-cho²* 這麼著
che⁴-teng³ 這等			
na⁴-mo⁴ 那麼	*na⁴-yang⁴* 那樣	*na⁴-mo⁴-yang⁴* 那麼樣	

这些材料中的"-mo"组词和"-men"组词都出现在地方话文本中，时间可追溯到元代（吕叔湘 1985：268—269；太田辰夫 1987：286—287），这两种形式很可能都是从某种北方土话口语中派生出来的。我们所参考的十九世纪的文献表明，在十九世纪六十年代，"-men"组词被认为是北京话形式，而相应的"-mo"组词则代表着标准北方官话形式。这两种类型的词均不通行于明清时期的南方官话。有趣的是，我们 1761 年文本中记录的官话变体在这类词上已经采用了北方方言形式，而不是南方官话形式，也不是 100 年后所谓的标准北方官话形式。

---

① 注意，诸如该复合词中的音节 *děng* "等"并不仅仅是文言文和早期白话文中的那种复数标记。它们的用法与我们 1761 年文本中 *je men* 和 *na men* 的用法一模一样。比如：*je men mang* "**這們忙**" "so busy（这么忙）" / *ché tèng tá* "**這等大**" "so big（这么大）"。

4.4　包括式代词 *zámen*"咱們"

包括式代词 *dza men*"咱們"在我们的文本中很常见。马礼逊很早就将这个词确认为一个独特的北方词汇(1815—1823,第二部分,第二卷,第 862 页)。艾约瑟说它用于北京地区、*Zhíli*"**直隸**"地区(即现在的河北)以及山东地区的方言中(1864a:99)。艾约瑟(1864a:158)对此有进一步的讨论,他认为这个词在标准北京官话中是可以接受的,但却带着方言的味道。威妥玛认为它是标准官话包括式代词,此外并无其他评论(1867,第三部分,第 7 页)。司登得也是如此。由此可见,我们 1761 年文本已经可以自由地使用这一北方方言词了,而没有理会标准南方官话中根本没有这个词。

我们的文本中还有一种形式:*dza di*"咱的",似乎是 *dza men*"咱們"的单数代词形式:

(26) *o ši ši di bu jhi dao a. žo ši jhi dao gio g'ao su/ ni ba dza di. bing bu jhi dao. giyao o g'ao su ši mo*

我實實的不知道啊。若是知道,就告訴你罷。咱的並不知道;叫我告訴什麼[4a]

"Indeed I know nothing about it. If I knew, I would tell you. As I have no knowledge of it, what do you wish me to tell you? (我真的不知道啊。如果知道,就告诉你了。可我并不知道,叫我告诉你什么呢?)"　　　　　　　　　　　　　　[伟烈亚力　36]

王勉、郑仁甲(1999,第三卷,第 4100 页)列出了 *zánde*"咱的"一词,他们认为这是现代标准汉语 *zámen*"咱們"的北京方言词,并没提到 *zánde* 有单数义。同样的复合词也用于其他北方方言中,虽然有不同的语音形式,但都表示复数。我们的例句可能是迄今所知的唯一一个单数用例。

4.5　*zhǎo*"找"("寻找、搜寻"义)

在我们的文本中有两个词表示"搜寻、寻找"义。一个是 *siyūn*"**尋**",比较常见;另一个是 *jao*"找",只出现过几次。在南方官话中,*xún*"尋"读作 *sîn*[sin]、*ch'în*[ts'in],很少情况下也读作 *siûn*[syn],这是表"寻找"义的通用词。在马礼逊的词典里,*zhǎo*"找"是晚近时期才出现的词,并且最初只表示"供给"义。威妥玛和司登得给出了 *hsün²~hsin²*"**尋**"和 *chao³*"**找**"两个词表示"寻找"义。司登得还补充到,*zhǎo* 有"供给不足"义。*zhǎo* 在现代北方方言中是表示"搜寻"义的一般词汇,它可能是北方方言的基本形式,其最古老的语义范畴表示"供给,为了弥补差额或不足而提供"。显然,它后来引申出了"尽力提供,寻找"等含义。它的现代含义"找零钱(用于货币交易)"似乎就是其古义"为了弥补差额而提供"的延续。至少在明代以前,这个词就已经出现在文献中了。我们 1761 年文本表明,到十八世纪晚期,*zhǎo* 在北方官话共通语中就已经可以与 *xún* 匹敌了。这两个词并行使用,一直沿用到至少十九世纪晚期。而到了二十世纪,就只有 *zhǎo* 还保留在口语中使用。

4.6　*hē*"喝"

我们的文本中有两个词表示"喝"义:*he*"喝/呵"和 *yen*"飲"。这两个词中,*he*"喝/呵"出现得相当频繁,且广泛地用于各种结构中,而 *yen*"飲"出现的次数较少,范围也较小。但 *yen*"飲"绝不仅仅局限于书面复合词和书面表达。在我们文本的底层语言中,它可以自由替代 *he*"喝/呵"。在南方官话中,只有 *in*"飲"可以用来表达"喝"义。司登得列出了 *ho¹*"喝"和 *yin³*

"飲"两个词,他认为它们是表"喝"义的同义词。但艾约瑟和威妥玛在实际话语用例中却只用了 *ho*¹"喝"。*hē*"喝"是现代汉语北方方言"喝"义的一般词汇。至少从元代开始,它就出现在文本中了,这很可能反映了北方通用语(lingua franca)的一般用法,而不仅仅是地方土话的用法。我们 1761 年文本中记录的官话,显然已经更倾向于使用 *hē*"喝"而不是 *yǐn*"飲"(南方共通语形式)。之后,*hē* 在口语中完全取代了 *yǐn*,成为口语中的自由形式。本小节的例词"喝"也许可以说明南方词汇从未真正地在北方官话中取得过稳固的地位。北方共通语从一开始就支持北方词汇,而将南方词汇置于一旁,并最终弃用了它。

4.7 表"物"义的词

我们文本中表示"物体"的词是 *dung si*"東西"。而南方官话中通常用 *vuĕ*"物"或 *vuĕ kién*"物件"。瓦罗在他的词典中先是列出了"物"和"物件"这两个词,然后才列出 *tūng sī*"東西"这个词,但他从未在短语或语法书中使用过这个词。显然,它并不真正通行于南方共通语中。司登得也给出了这三个词。但艾约瑟和威妥玛在他们所举的口语例句中却只用 *dōngxi* 这个词。因此,至少在近几个世纪中,南方官话中表"物"义的词不怎么通行于北方共通语的口语中,而 *dōngxi*"東西"才是北方共通语中表"物"义的词,并一直保留至今。

4.8 表"处所"义的词

在我们的文本中,表"处所"义的概念一般用含黏着语素(bound morpheme)*chù*"處"的复合词表达,比如,*biye chu*"別處"、*kioi chu*"去處"等。南方官话中也有这种类型的复合词,但它还有一个表"处所"义的自由形式 *sò çhái*"所在"。瓦罗还列出了名词 *tí fāng*"地方",但对他来说这个词有一个专门的意义:"领地,当地(territory)",而不是一般意义上的"处所(place)"义。复合词 *dìfang*"地方"以"处所"义出现在《红楼梦》中,所以这个词至少在十八世纪中期就已经通行于北方了。但我们的文本却没有使用它。司登得在他的词典中给出了 *dìfang* 和 *suǒzài*"所在"两个词。而艾约瑟和威妥玛在他们的例句中却只用了前一个词。综上可知,我们 1761 年文本中记录的北方官话变体与南方共通语在不用复合词 *dìfang* 表"处所"义上取得了一致。而一个世纪后,*dìfang* 显然已经变成了标准的北方词汇,其间很可能受到了北方土话的影响。

5. 结   论

艾约瑟(1864a:8, 99, 218)写到他那个时代的北京说两种不同的话。一种是本地土话,即北京话,通常称为 *jīnghuà*"京話"(the speech of the capital),也叫做 *sīhuà*"私話"(private language)。"私話"这一别称是专门用来与"公共场合(public)"交际用语(即标准共通语)进行区分的名称。当时的标准共通语被称为官话,或者更具体一点,被称为 *Běijīng guānhuà*"北京官話",它又可分为两种变体形式。一种是一般的口语形式,被称为 *zhēn guānhuà*"真官話"。除此之外,还有一种华丽典雅、隐晦委婉的文语形式,被称为 *wénhuà*"文話"(cultured speech)①,用于正式场合或仪

---

① 同音复合词 *wénhuà*"文化"有一个书面语的起源,很可能并不通行于该时期的口语中。它也未见于司登得或翟理斯(1892)的文献中,而他俩都适时地列出了 *wénhuà*"文話"一词。

式典礼中。*wénhuà*"**文話**"要和 *wénlǐ*"**文理**"区别开,"文理"是当时的正式书面语,现在在英语里通常被称为 literary Chinese"文言"。艾约瑟的语法书和教科书(1864a,1864b)试图描写和教授他认为比较典型的或比较"纯"的北京官话,所以他关注的主要是真官话。但他又谨慎地告诉我们共通语的南方变体或南方化了的变体在北京城也能听到,有的人即使定居在北京已经好几代了,仍乡音不改。他说:"有许多从江南地区来的人,尤其是知识分子阶层,定居在北京。他们保留了许多南方语音的特点,甚至在三四代人之后仍然保留着这些特点。在这种情况下,北京话的声调有时会与南京话的声母和韵母连在一起使用。"(1864a:279)由此可见,1860 年左右的北京地区,即使人们只说官话共通语,其社会语言学情况也是相当复杂的。那么,一个世纪前的情况又如何呢? 我们满文转写文本中记录的语言又是何时开始通行的呢?

让我们先考虑一下什么不是 1761 年文本中的底层语言。显然,它不仅仅是南方官话变体。明朝晚期和清朝早期的西方传教士所描写的就是这种近似南京话的官话变体。而我们文本中记录的语言,在音系、词汇和语法的很多细节上,都不同于南方官话。但它也不仅仅是某个北方土话,比如北京话,因为我们发现我们的文本在各个语言层面上都有非北方话的特征。相反,它应该是这两种话的某种混合体。然而,实际情况不止于此。因为我们在梳理文本时,除了发现南方共通语和北方方言的特征外,还发现了一些成分,经证实几个世纪前就已经出现在文本中了,而这些文本很可能是以北方话为基础写成的,比如元曲、通俗小说等。出于这个原因,我们在探究 1761 年文本中记录的语言的形成过程时,必须设想至少三个不同的来源,即,明清时期的标准南方官话,公认的北方共通语变体,以及首都地区的地方土话。

那么,这三种来源是如何相互作用产生了我们文本中记录的语言呢? 我们假设,当 1421 年明朝首都从南京迁到北京时,标准共通语就随着朝廷一起迁到了北京,而这时的标准共通语早在迁都之前就已经在使用了。现在普遍认为,这就是本文所讨论的南方官话的早期形式。1421 年北京确切的社会语言学情况我们尚不清楚。当时是不是存在一个双层结构,既包含了北京本地话,又包含了一个更普遍的北方通用语? 如果是这样,那么它们之间的差异有多大呢? 又或者是其实存在着一种北京语,既用作本地话,又用作地区标准语? 对此我们一无所知。无论是哪种情况,明朝朝廷使用的南方官话共通语是叠加到北京城已有的语言上的,并且保存完好,独立使用,至少作为一种理想的形式,持续了相当长的一段时期。比如,当利玛窦(Matteo Ricci,1552—1610)居住在北京时,他仍然在自己的作品中使用他在中原地区学习的南方官话。无论明朝末期的北京地方话与标准南方官话的差异有多大,他和他的教友们都不感兴趣。但毫无疑问,这种差异在当时是存在的。在上文 2.2.5 节中,我们已经讨论了马若瑟提到的一些差异。在接下来的这篇文献中我们将继续讨论这种差异。瓦罗(1703)的 1793 年手稿修正版中有这样的论述,尽管标准官话也通行于南京以外的很多地区,"但 *Pe kin*[**北京**]和 *Xan tung*[**山東**]的地方话[与标准官话]仍有些差异"(柯蔚南、Levi 2000:255)。尽管如此,瓦罗本人觉得官话在北京用得"很好"(同上,第 31 页)。由此我们可以推知,在十七世纪,北京官话(相对于北京任何一种地方土话而言)与标准南方官话保持着高度的一致性。它有自己的语音特点,这显示出它对北方话影响力的抵制;它可能也有一些特殊的词汇和语法特征,要么是从更早的北方通用语中继承而来的,要么就是从地方土话中借进来的。但无论如何,它都一直被认为是一种"通用"的官话形式。直到十八世纪晚期,才发生了进一步演化。举例来说,这时的北京官话已经完成了彻底的软腭音和齿擦音的硬腭化音变,而这种音变也曾发生在北方方言中;它还不断地采用北方方言的词汇,几乎每次都是以牺牲相应的南方官话词汇为代价。这些趋势在 1761 年文本产生之后仍一直持续着。整个十八世纪,北方共通语的通用地位一直在上升,直到十九世纪二十年代的某一时刻,上升到了马礼逊完全能够预见到它最终取胜的地步。到了艾约瑟和威妥玛的时代,这个预言就已经成真了。他们明确地将北京官话置于核心地位,而将南方官话置于边缘地带。这种倾向北方用法的趋势并没有停留在艾约瑟和威妥玛的时代,而是继续发展,贯穿了整个晚清时期,并一直延续到民国。就这样,北京官话先是变成了 *Guóyǔ*“**国语**”,然后最终变成了现代 *Pǔtōnghuà*“**普通话**”。最后,我们今天所说的标准现代汉语不仅仅指北京话(即北京本地话),它其实是一个复杂的综合体,它的音系、词汇和语法特征来源于南方官话、公认的北方标准语以及北方各方言。我们1761 年文本所记录的语言代表了这一漫长演变过程中的一个阶段,而这个演变过程的最终结果就是产生了现在人所共知的标准现代汉语。

译者注

[1] 标题中的 Mandarin 一词一般情况下译为“普通话”,但“普通话”一词默认是指现代汉语标准语,与本文内容有一定偏差。所以总览全文后,译者认为译为“官话”更为适宜,指普通话的前身。有学者将 Mandarin 译为“北方方言”,读者亦可参考。(详见:柯蔚南(作者)、董秀芳(译者),《接触、沿流和趋同在南京官话中的作用(摘要)》,《汉语史研究集刊》,1999(00):379—431)

[2] 本文作者为世界知名汉学家,在中国有固定的汉语译名,本译文不再另行翻译人名。文中所引文献的作者如果是知名汉学家,则本译文沿用其在中国的常见译名,并只在第一次出现时用括号标注其外文名字;如果没有固定的汉语译名,本译文则沿用其外文名字,不再对其进行汉语翻译。

[3] 柯蔚南、董秀芳(1999)中,koine 被译为“共通语”,董秀芳(译者)注释为“koine 是指某一国家或地区后来变成为共同语的一种语言或方言”(详见[1]中的参考文献),本文沿用此汉语译文。

[4] 此处所讨论的满-汉双语文本的汉字标题直接引自原文的繁体汉字,本译文这样处理的原因:一是为了忠实于原文;二是考虑到原文下文出现了大量的繁体汉字,有些与简体汉字的意义和用法相似,但有些则完全不同,有些可能作者还有其他的用意,如果译文一律转化为简体汉字则可能会曲解原文,误导读者,但如果一部分转化为简体汉字,而另一部分不转化,则译文会发生繁简汉字交替出现的混乱情况,所以综合考虑,原文中出现的繁体汉字本译文基本不做改动,而本译文中出现的繁体汉字均来自原文。括号中的拼音转写也来自原文,采用罗马拼音转写法,这在原文下文的语音分析中起着重要的作用,故本译文也不做任何改动。

[5] 原文如此,但根据文意,译者认为此处作者指的是送气卷舌声母[ʈʂʰ]。

[6] 原文用“′”号表示辅音声母的送气特征,译文沿用此符号,下同。

[7] 此处引文为法文,特此感谢柳俊博士帮助翻译。

[8] 本节中所引例句均有汉语原文,有些与现代汉语意义相近,只是用字不同,但有些与现代汉语意义差距较大,如果不译成现代汉语,可能理解起来会有困难。所以,本译文在原文本的基础上,在括号中将例句译成现代汉语。

参考文献

CHAO Yuen-Ren 赵元任(1968). *A grammar of spoken Chinese*. Berkeley:University of California Press.

COBLIN W. South 柯蔚南(1997). Notes on the sound system of Late Ming *guanhua*. *Monumenta Serica*, 45, pp. 261—307.

COBLIN W. South 柯蔚南(2000). A brief history of Mandarin. *Journal of the American Oriental Society*, 120(3), pp. 537—552.

COBLIN W. South 柯蔚南 & LEVI Joseph A.(2000). *Francisco Varo's grammar of the Mandarin language(1703): an English translation of the 'Arte de la lengua Mandarina'*. Amsterdam/Philadelphia: John Benjamins.

EDKINS Joseph 艾约瑟(1864a). *A grammar of the Chinese colloquial language commonly called the Mandarin dialect*. Shanghai: Presbyterian Mission Press.

EDKINS Joseph 艾约瑟(1864b). *Progressive lessons in the Chinese spoken language*. Second Edition. Shanghai: Presbyterian Mission Press.

GILES Herbert A. 翟理斯(1892). *A Chinese English dictionary*. London: B. Quaritch.

GORELOVA Liliya M.(2002). *Manchu grammar*. Leiden, Boston, Köln: Brill. Handbuch der Orientalistic, Section Eight, Volume Seven.

平田昌司.清代鸿胪寺正音考[J].中国语文,2000(06):537—544, 575—576.

季永海.满族转用汉语的历程与特点[J].民族语文,1993(06):38—46.

KIM Kwangjo(1991). *A phonological study of Middle Mandarin: Reflected in Korean sources of the Mid-15th and Early 16th centuries*. University of Washington Doctoral Dissertation. University Microfilms, Ann Arbor.

LI Gertrude Roth(2000). *Manchu: A textbook for reading documents*. Honolulu: University of Hawaii Press.

LIGETI Louis 李盖蒂(1952). A propos de l'écriture Mandchoue. *Acta Orientalia*, 2, pp. 235—301.

吕叔湘.近代汉语指代词[M].上海:学林出版社,1985.

MöLLENDORFF Paul Georg von. 穆麟德(1892). *A Manchu grammar, with analyzed texts*. Shanghai: American Presbyterian Mission Press.

MORIKAZU Ochi'ayi 落合守和(1989). Transliterated and reprinted Chinese translation of *'Giyan man han ioi man jeo tao hūwa cing wen kimeng* 兼满汉语满州套话清文启蒙'(dated in 1761, kept in the Oriental Library, Tokyo). *Studies of linguistic and Cultural Contacts*, 1, pp. 67—103.(Published by the Institute for the Study of Languages and Cultures of Asia and Africa, Tokyo University of Foreign Studies).

MORRISON Robert 马礼逊(1815—1823). *A dictionary of the Chinese language in three parts*. Macao & London: The Honorable East India Company Press.

NAKAJIMA Motoki 中嶋幹起(1994). *Computational analysis of the enlarged and revised Manchu dictionary written by the emperor*. Tokyo: Institute for the Study of Languages and Cultures of Asia and Africa, Tokyo University of Foreign Studies.

NORMAN Jerry L. 罗杰瑞(1978). *A concise Manchu-English lexicon*. Seattle: University of Washington Press.

NORMAN Jerry L. 罗杰瑞(1988). *Chinese*. Cambridge: Cambridge University Press.

太田辰夫.中国语历史文法[M].北京:北京大学出版社,1987.

PRÉMARE Joseph 马若瑟(ca. 1730). *Notitia linguae sinicae*. First circulated in manuscript; then published: Malacca, 1831: Academiæ Anglo-Sinensis; Hong Kong 1893 : Société des Missions-E trangères.

PRINS Anton A.(1974).*A history of English phonemes: from Indo-European to present-day English*. Leiden: Leiden University Press.

STENT George C. 司登得（1877）. *A Chinese and English vocabulary of the Pekinese dialect*. Shanghai: American Presbyterian Mission Press.

VARO Francisco 瓦罗（1703）. *Arte de la lengua Mandarina*. Edited by Pedro de la Pi͂nuela. Canton. Editions held by the Biblioteca Dell'Accademia Nazionale dei Lincei e Corsiniana，Rome and the Bibliothèque Nationale de France，Paris.

VARO Francisco. 瓦罗 Vocabulario de la lengua Mandarina. Manuscripts held by the German State Library in Berlin and the British Library in London.

WADE Thomas F. 威妥玛（1867）. *A progressive course designed to assist the student of colloquial Chinese as spoken in the Capital and the Metropolitan Department*. London: Trübner & Co.

王会银.浅论清代满族改操汉语问题——兼谈满汉民族关系[J].中央民族学院学报,1991(04):63—69.

许宝华,宫田一郎.汉语方言大词典[M].北京:中华书局,1999.

杨亦鸣,王为民.《圆音正考》与《音韵逢源》所记尖团音分合之比较研究[J].中国语文,2003(02):131—136,191—192.

WYLIE Alexander 伟烈亚力（1855）. *Translation of the Ts'ing Wan k'e mung—a Chinese grammar of the Manchu Tartar language：with introductory notes on Manchu literature*. Shanghai: London Mission Press.

《东方语言学》征稿启事

一

　　《东方语言学》是由上海师范大学语言研究所主办,上海世纪出版集团(上海教育出版社)出版的学术集刊。本刊创刊于 2006 年,为半年刊,每年 6 月、12 月各出一辑。

　　《东方语言学》主要以东亚语言为研究对象,其宗旨是用语言学的普遍原理来研究语言,并通过由研究这些语言中的特有现象所得到的规律丰富语言学的普遍原理。本刊为东方语言的研究者提供了一块试验田,它不是封闭的,而是面向世界的。希望投稿者就各种学术问题展开讨论与争鸣,提出新材料、新观点、新理论等,进一步推动语言学学科发展。

　　本刊刊登对东亚语言的句法、语音、文字、词汇、语义诸问题进行共时描写和历时探讨的研究性论文,同时也刊登包括汉语方言、中国境内的少数民族语言及其他东亚语言在内的调查报告、长篇语料等,本刊也酌情刊登英文稿和译文稿。欢迎广大语言学研究者踊跃投稿。

　　要求论文投稿符合原创性要求,行文格式和注释体例遵循学术论文规范。

　　投稿信箱:eastling2010@163.com

　　联系电话:021-64322897

　　通讯地址:上海市徐汇区桂林路 100 号　　上海师范大学语言研究所《东方语言学》编辑部

　　邮　　编:200234

二

　　为方便稿件的后续处理,请作者来稿时注意以下几点:

　　1. 研究性论文的篇幅一般控制在 10 000 字以内(若字数超出此范围,请与编辑部联系),语言调查报告可不受篇幅限制。无须提供英文题目、提要、关键词等。

　　2. 投稿时,须提供三份电子文档:文稿 word、pdf 版各一份,以及包含作者姓名、单位、职称、电子邮件、电话、通信地址及邮编等信息的 word 文档一份。无须邮寄打印稿。

　　3. 编辑部在收到稿件后三个月内将告知作者是否采用;若不采用,来稿不再退还。论文一经刊登,国内作者即赠刊物两本,并致稿酬,境外作者赠刊五本。

三

　　1. 稿件若涉及国际音标,请使用 IPAPan New 字体,若涉及特殊字体(如生僻字、古文字等)、图表时,请另作说明。

　　2. 附注请一律使用当页脚注的形式,以带圈①……⑩的方式编号,使用每页重新编号的方式。

3. 引用古书、他人文献等原文时，务请仔细核对，确保无误。

4. 参考文献一律附列于正文后面。

5. 若需列出项目资助、致谢等相关内容，均置于首页底部，并于论文题目后标出星号。

6. 稿件务请按照本刊撰稿格式来编排。格式如下。

论文标题(黑体、三号、居中)

□

□

作者单位□□姓名

□

□

□

□□**内容提要**(小 5 号、黑体)□〔提要正文，小 5 号〕

□□**关键词**(小 5 号、黑体)□〔……　……〕

□

□

1. 一级标题(黑体、四号、居中)

〔正文内容〕

2. 一级标题(黑体、四号、居中)

2.1　二级标题(黑体、小四、顶格)

2.2　二级标题

3. 一级标题(黑体、四号、居中)

3.1　二级标题

3.1.1　三级标题(黑体、五号、顶格)

〔正文内容〕【注意：正文中若需加脚注，请用上标带圈数字表明，编号每页从①开始。正文中需要引用的参考文献出处随文用括号标注，可不采用脚注形式。专著需要列出有关页码，例如"(徐烈炯、刘丹青 1998：54—64)"】

□

□

参考文献(黑体、小四、顶格)

□

徐烈炯.焦点的不同概念及其在汉语中的表现形式[J].现代中国语研究，2001(3).

徐烈炯，刘丹青.话题的结构与功能[C].上海：上海教育出版社，1998.

Bayer，Josef. 1996. Directionality and Logical Form：On the Scope of Focusing Particles And Wh-in-situ. Dordrecht：Kluwer.

Cinque，Guglielmo. 1993. A null theory of phrase and compound stress. Linguistic Inquiry 24：239—298.

Hajičová, Eva, Barbara H. Partee & Petr Sgall. 1998. Topic-Focus Articulation, Tripartite Structures, and Semantic Content. Dordrecht: Kluwer.

Partee, Barbara H. 1999. Focus, quantification, and semantic-pragmatic issues. In Focus: Linguistic, Cognitive, and Computational Perspectives, ed. by Peter Bosch and Rob van der Sandt. 187—212.

Rooth, Mats. 1985. Association with Focus. PhD dissertation. University of Massachusetts. Amherst.

（说明：本刊"参考文献"的编排格式基本按照国际规范，引用各类杂志、会议论文集中的文章等务请尽量给出页码，但正文中引用页码可标可不标。正文中引用文献，如果是书和论文集，一般要注明所引内容的页码。）

图书在版编目（CIP）数据

东方语言学. 第二十三辑 /《东方语言学》编委会，
上海师范大学语言研究所主编. — 上海：上海教育出版
社，2022.9
ISBN 978-7-5444-6809-1

Ⅰ. ①东… Ⅱ. ①东… ②上… Ⅲ. ①语言学 – 文集
Ⅳ. ①H0-53

中国版本图书馆CIP数据核字(2022)第158180号

责任编辑　徐川山
封面题字　张维佳
封面设计　陆　弦

东方语言学　第二十三辑
《东方语言学》编委会　上海师范大学语言研究所　主编

出版发行　上海教育出版社有限公司
官　　网　www.seph.com.cn
地　　址　上海市闵行区号景路159弄C座
邮　　编　201101
印　　刷　上海昌鑫龙印务有限公司
开　　本　787×1092　1/16　印张 8　插页 2
字　　数　195 千字
版　　次　2022年9月第1版
印　　次　2022年9月第1次印刷
书　　号　ISBN 978-7-5444-6809-1/H·0249
定　　价　46.00 元

如发现质量问题，读者可向本社调换　电话：021-64373213